Les Éditions du Boréal
4447, rue Saint-Denis
Montréal (Québec) H2J 2L2
www.editionsboreal.qc.ca

Guy Rocher

DU MÊME AUTEUR

New Trends in Canadian Federalism, deuxième édition (en codirection avec Miriam Smith), Broadview Press, 2003.

The Conditions of Diversity in Multinational Democracies (en codirection avec Alain-G. Gagnon et Montserat Guibernau), Institute for Research on Public Policy, 2003.

Contestation transnationale, diversité et citoyenneté dans l'espace québécois (en codirection avec Micheline Labelle, avec la collaboration d'Ann-Marie Field), Presses de l'Université du Québec, 2004.

Politics in North America: Redefining Continental Relations (en codirection avec Yasmeen Abu-Laban et Radha Jhappan), Broadview Press, 2007.

Immigration, diversité et sécurité. Les associations arabo-musulmanes face à l'État au Canada et au Québec (avec Micheline Labelle et Rachad Antonius), Québec, Presses de l'Université du Québec, 2009.

Essential Readings in Canadian Government and Politics (en codirection avec Peter H. Russell, Debra Thompson et Linda A. White), Emond Montgomery Publications, 2010.

François Rocher

Guy Rocher

entretiens

TRAJECTOIRES

Boréal

La collection « Trajectoires » est dirigée par Alain-G. Gagnon.

© Les Éditions du Boréal 2010
Dépôt légal : 1er trimestre 2010
Bibliothèque et Archives nationales du Québec

Diffusion au Canada : Dimedia
Diffusion et distribution en Europe : Volumen

*Catalogage avant publication de Bibliothèque et Archives nationales du Québec
et Bibliothèque et Archives Canada*

Rocher, Guy, 1924-

    Guy Rocher : entretiens

    (Trajectoires)

    Comprend des réf. bibliogr.

    ISBN 978-2-7646-2010-6

    1. Rocher, Guy, 1924- – Entretiens. 2. Québec (Province) – Politique et gouvernement – 20e siècle. 3. Participation sociale – Québec (Province). 4. Sociologues – Québec (Province) – Entretiens. 5. Professeurs de sociologie – Québec (Province) – Entretiens. I. Rocher, François. II. Titre. III. Collection : Trajectoires (Montréal, Québec).

HM479.R62A5   2010   301.092   c2010-940311-8

Avant-propos

Si on demandait à Guy Rocher qui il est, il répondrait fort probablement qu'il a toujours été un sociologue curieux et que ce sont les circonstances qui l'ont amené à participer à plusieurs épisodes qui se sont avérés déterminants dans l'histoire récente du Québec. Il se définit volontiers à la fois comme un intellectuel, un professeur passionné par la recherche et la transmission des savoirs, et comme un homme d'action.

D'abord formé au Collège de l'Assomption, Guy Rocher y développe un intérêt pour l'engagement à travers son militantisme au sein de la Jeunesse étudiante catholique (JEC). Après ses études classiques, il passe quatre ans à la centrale de la JEC (1943-1947). Il y côtoie d'autres jeunes qui joueront un rôle marquant dans la vie sociale et politique du Québec et du Canada, dont Gérard Pelletier, de cinq ans son aîné et alors secrétaire général de la JEC, qui deviendra journaliste au *Devoir*, rédacteur en chef du journal *Le Travail* de la Confédération des travailleurs catholiques du Canada (ancêtre de la CSN), rédacteur en chef de *La Presse*, fondateur de *Cité Libre* et ministre dans les gouvernements de Pierre Elliott Trudeau. La JEC compte aussi dans ses rangs Pierre Juneau, qui présidera le Conseil de la radiodiffusion et des télécommunications canadiennes (CRTC) puis Radio-Canada, Jean-Paul Lefebvre, futur syndicaliste, animateur d'émissions de radio et de télévision éducatives et haut fonctionnaire fédéral, et Réginald Boisvert qui écrira de nombreux scénarios pour la télévision. Guy Rocher accepte de diriger, à titre de président, la JEC canadienne. Il y découvre les traditions philosophiques et fréquente la pensée contemporaine, il voyage en Europe dans l'immédiat après-guerre pour rétablir les ponts avec la JEC européenne et avec les associations internationales de jeunesse, dans ce dernier cas en compagnie d'un jeune avocat, Paul Gérin-Lajoie. Comme l'a souligné l'historienne Louise Bienvenue, « les militants jécistes entendaient ainsi mener une croisade énergique contre une religion devenue sclérosée, convenue et bourgeoise. Dans leur quête d'une spiritualité plus authentique, ils étaient inspirés par les maîtres issus de la mouvance personnaliste européenne[1] ». La hiérarchie catholique de l'époque voyait d'un bien mauvais œil ce militantisme qu'elle ne pouvait entièrement contrôler.

Guy Rocher retourne aux études à la fin des années 1940 en s'inscrivant à la Faculté des sciences sociales de l'Université Laval, qui ne comptait qu'une poignée d'étudiants à cette époque. Il y fait la rencontre du père Lévesque et, à l'invitation de celui-ci, entreprend une carrière universitaire. Toutefois, attiré par la pensée de Talcott Parsons, il s'inscrit au doctorat à l'université Harvard. C'est là qu'il prend conscience de sa vocation d'universitaire et ressent le besoin de doter le Québec d'un réseau universitaire inspiré des grandes universités amé-

---

1. Louise Bienvenue, « Une expérience déterminante : l'engagement dans la jeunesse étudiante catholique », dans Céline Saint-Pierre et Jean-Philippe Warren (dir.), *Sociologie et société québécoise. Présences de Guy Rocher*, Montréal, Presses de l'Université de Montréal, 2006, p. 28.

ricaines. À cet égard, Guy Rocher précise que l'université américaine a inspiré son engagement social, « dans la mesure où elle m'a confirmé dans ce que j'ai cru alors être ma vocation : contribuer à créer au Québec une vie universitaire. Je peux dire que ce projet a constitué l'axe central de ma vie[2] ».

C'est dans cet esprit qu'il revient comme jeune professeur à l'Université Laval en 1952, puis comme directeur de l'École de service social en 1958. En 1960, il accepte le poste de directeur du Département de sociologie de l'Université de Montréal, institution qu'il n'a plus quittée par la suite. En avril 1961, c'est à son grand étonnement qu'il est nommé à la Commission royale d'enquête sur l'enseignement pour la province de Québec (commission Parent). Il participe activement à la réflexion et rédige de grands pans du rapport qui contribuera à transformer durablement et en profondeur le système d'éducation au Québec et, surtout, à repenser la mission de l'école. Il s'agissait, selon lui, de son premier véritable engagement politique, de sa première participation à l'exercice du pouvoir[3].

Ces cinq années consacrées à la commission Parent seront suivies d'un retour à la vie universitaire puis d'un congé sabbatique passé à Berkeley, en Californie, durant lequel il terminera, entre autres, la rédaction de son *Introduction à la sociologie générale*. De 1969 à 1974, il est vice-président du Conseil des Arts du Canada. De retour au Département de sociologie, il entreprend, avec un collègue de l'Université Laval, le sociologue Pierre W. Bélanger, une étude sur les aspirations scolaires et les orientations professionnelles des étudiants. L'arrivée au pouvoir du Parti québécois en 1976

---

2. Guy Rocher, *Entre les rêves et l'histoire. Entretiens avec Georges Khal*, Montréal, VLB, 1989, p. 39.

3. *Ibid.*, p. 57.

marque un nouveau tournant. Camille Laurin lui demande d'occuper le poste de sous-ministre au Développement culturel (1977-1979) et de participer à l'élaboration, en compagnie de Fernand Dumont et d'Henri Laberge, de la Charte de la langue française. C'est aussi avec Fernand Dumont qu'il rédige le livre blanc sur le développement culturel publié en 1978. Le va-et-vient entre la vie universitaire et la fonction publique québécoise s'est poursuivi puisqu'il sera sous-ministre au Développement social de 1981 à 1983.

Guy Rocher est un intellectuel public et un intellectuel engagé. Si son parcours est indissociable de la Révolution tranquille, il n'a jamais cessé de participer au débat public et n'hésite pas à se prononcer sur les enjeux qui traversent la société québécoise, que ce soit sur l'avenir des universités, de la recherche, de la langue française ou de la culture québécoise. Auteur prolifique, il est considéré comme un des fondateurs de la sociologie au Québec. Des générations d'étudiants ont été initiées à cette discipline en lisant les trois tomes de son incontournable *Introduction à la sociologie générale*. D'autres ont approfondi leur connaissance de la sociologie américaine en fréquentant son ouvrage *Talcott Parsons et la sociologie américaine*. Plusieurs ont pu jeter un regard différent sur les réalités sociales et politiques dès la fin des années 1960 et le début des années 1970 en parcourant *Le Québec en mutation*. Quelques audacieux ont même pu suivre sa réflexion sur le droit en se procurant ses *Études de sociologie du droit et de l'éthique*. Guy Rocher a rédigé ou dirigé plus d'une vingtaine d'ouvrages et publié plus de 200 chapitres de livres ou articles. Sa carrière a été couronnée de nombreux prix prestigieux qui témoignent de la reconnaissance qu'il a obtenue au sein de milieux très diversifiés[4].

---

4. La liste serait trop longue, mais mentionnons-en tout de même

Son parcours d'intellectuel a fait l'objet d'une grande attention. En 1989 paraît chez VLB Éditeur un premier ouvrage d'entretiens, avec Georges Khal, intitulé *Entre le rêve et l'histoire*. Il y est question des influences de jeunesse, de sa vie universitaire, des penseurs qui l'ont le plus influencé, de ses engagements, de ses vues sur le syndicalisme et le nationalisme, de la contre-culture. Plus récemment, sa carrière a fait l'objet d'un chapitre dans l'ouvrage *Sociologie et Valeurs, Quatorze penseurs québécois du XXe siècle,* dirigé par Gilles Gagné et Jean-Philippe Warren et publié aux Presses de l'Université de Montréal (2003). En février 2006, un colloque s'est tenu à l'Université de Montréal autour de ses travaux. De nombreux universitaires y ont dressé un portrait de l'engagement social de Guy Rocher, poursuivi leur réflexion sur des thèmes qui sont au cœur de sa démarche[5]. Dans la conférence qu'il a prononcée à l'occasion de ce colloque, il a expliqué à un auditoire attentif comment, comme sociologue, il a oscillé entre deux pratiques, celles de l'action et de l'interprétation. Il rappelait que ce qui avait entretenu cette dynamique, « c'est l'énigme du changement social, à la fois énigme à interpréter et énigme à vivre. Le besoin de comprendre et d'expliquer le

---

quelques-uns : Compagnon de l'Ordre du Canada (1971) ; prix Marcel-Vincent pour les sciences sociales décerné par l'ACFAS (1989) ; Chevalier de l'Ordre national du Québec (1991) ; prix Léon-Gérin (Prix du Québec pour les sciences humaines 1995) ; prix Molson pour les sciences sociales et humaines (1997) ; prix Esdras-Minville de la Société Saint-Jean-Baptiste de Montréal pour les sciences sociales et humaines (1998) ; prix William Dawson de la Société royale du Canada pour une œuvre interdisciplinaire (1999). Il a reçu des doctorats honorifiques de l'Université Laval (1996), de l'Université de Moncton (1997) et de l'Université du Québec à Montréal (2002).

5. Céline Saint-Pierre et Jean-Philippe Warren (dir.), *Sociologie et société québécoise.*

changement social et l'exigence d'y participer à l'occasion, de manières variées, est, me semble-t-il, l'axe qui traverse ma pratique sociologique[6] ». Il résumait ainsi comment il conçoit son rôle de sociologue et, de manière assez explicite, comment il a intégré, tout au long de sa vie, la méthodologie acquise lors de ses années de formation au sein de l'Action catholique et qui se résume dans la formule « voir, juger, agir ». Voir et juger, c'est essayer de comprendre, et cette compréhension impose parfois un devoir d'action qui, à son tour, permet de mieux appréhender la réalité sociale. Cette dialectique transparaît continuellement au cours des entretiens que nous avons menés. C'est pourquoi le propos n'est jamais totalement tranché, fait apparaître les nuances indispensables à une bonne compréhension de la réalité, oblige à une prudence face aux voies à suivre, est émaillé de « peut-être », de « possiblement » et de « parfois ».

Si les écrits de Guy Rocher sont relativement bien connus, si sa contribution à la société québécoise est largement reconnue, si ses travaux ont déjà fait l'objet de nombreuses études, s'il a déjà eu l'occasion de faire un premier bilan de son action dans le livre d'entretiens publié il y a maintenant vingt ans, alors pourquoi présenter une nouvelle série d'entretiens ? Lors de nos multiples conversations à propos de cet ouvrage, j'ai senti parfois un doute chez lui quant à la nouveauté et à l'originalité de ce qui allait ressortir de ces échanges. Cette réserve est révélatrice de l'homme. Il pourrait probablement reprendre mot à mot les propos qu'il tenait dans la postface de son livre de 1989 : « En relisant ce manuscrit, je m'étonne d'avoir tant et si longtemps parlé de moi. Ceux qui me connaissent de près et de longue date témoigneront, me semble-t-il, que c'est un sujet sur lequel je suis habituellement

---

6. *Ibid.*, p. 10.

plutôt discret[7]. » Pourtant, au fil des pages, le lecteur découvrira un intellectuel de haut niveau qui a manifestement encore des choses à dire et qui, fort de son expérience, continue à porter son regard vers l'avenir et à souhaiter que le Québec devienne une société plus juste et égalitaire. D'ailleurs, il me semble que toute l'action de Guy Rocher a été portée par cette préoccupation liée à la justice sociale et à la démocratie vues sous l'angle de la participation, sinon de l'émancipation, de toutes et de tous.

Dans un témoignage livré lors du colloque de 2006, l'historien Gérard Bouchard faisait remarquer que « de cet homme de discrétion et de mesure, d'élégance et de distinction, nous ne connaissons guère le côté cour : les angoisses, les déceptions, les regrets, les impatiences, les colères. [...] Je ne m'en cacherai pas, il m'arrive de le regretter un peu, surtout à cause des colères — il doit bien en couver quelques-unes ? C'est la seule chose dont cet homme si généreux nous a privés[8]. » Guy Rocher n'est pas colérique, mais on sentira, au fil de la conversation, quelques impatiences, certaines angoisses et déceptions à l'endroit du Québec contemporain. C'est pourquoi il se fait si critique à l'endroit du mouvement visant à réduire la place de l'État québécois dans la vie sociale, culturelle et économique, c'est pourquoi il soutient que ce n'est qu'un État fort qui peut se préoccuper d'équité et de justice, c'est pourquoi il rappelle que la vie sociale est faite de rapports de force et de lutte qui s'expriment par la recherche d'une identité originale nord-américaine, c'est pourquoi il affirme qu'il ne faut pas séparer langue et culture parce que la pre-

---

7. Guy Rocher, *Entre les rêves et l'histoire*, p. 229.

8. Gérard Bouchard, « L'homme, le savant, le citoyen… et les autres », dans Céline Saint-Pierre et Jean-Philippe Warren (dir.), *Sociologie et société québécoise*, p. 327.

mière est l'expression de la seconde, c'est pourquoi il s'insurge contre l'instrumentalisation de l'instruction et le fait que les transformations récentes dans le système d'enseignement au Québec contribuent plus que jamais à approfondir les rapports inégalitaires et à favoriser un certain élitisme, et c'est pourquoi il demeure attaché au projet d'indépendance nationale qui se heurte à l'illusion, fort bien entretenue d'ailleurs, d'une possible réforme du Canada qui irait dans le sens d'une plus grande autonomie du Québec. Son regard est certes tourné vers l'avenir, mais il est largement inspiré d'une expérience et d'une compréhension des contingences héritées du passé : voir, juger, agir !

Les entretiens se sont déroulés entre février 2006 et juin 2007. Nous avons cherché à définir une approche qui éviterait le plus possible les redites par rapport à ce qu'il nous avait déjà dévoilé de lui-même ailleurs. J'ai d'abord parcouru son riche curriculum vitae et cherché à identifier les thèmes qui me semblaient récurrents dans ses écrits. Pour chacun d'eux, nous avons identifié des textes que nous jugions particulièrement révélateurs ou importants. Je les ai lus ou relus avant les entretiens et j'ai tenté de formuler des questions qui me semblaient devoir être abordées. Je lui faisais ensuite parvenir ces questions afin qu'il puisse y réfléchir. Il a eu la gentillesse et la générosité de continuellement me rassurer en me disant que mes questions étaient les bonnes et qu'il n'en voyait pas d'autres. J'ai ensuite procédé à la retranscription de chacun des entretiens, que Guy Rocher révisait par la suite. Dès le commencement de ce projet, nous avons convenu de chercher les points de rupture et de continuité dans sa pensée sociale et politique. Le propos fait parfois référence à des événements particulièrement marquants dans son cheminement intellectuel, l'anecdote cherchant toujours à illustrer une question plus large. Ainsi, ce livre nous en apprendra davantage sur la manière dont le sociologue appréhende certains problèmes et ne constitue pas une chronique de ses expériences personnelles, bien que celles-ci soient parfois présentes dans la discussion. Le premier chapitre fait cependant exception, puisque Guy Rocher nous y livre ce qui l'a amené à embrasser le projet d'indépendance du Québec, à travers une série de prises de conscience marquées par son cheminement personnel.

Ce livre compte six chapitres. Le seul entretien pour lequel aucune question n'a été inspirée d'une lecture de textes préalable correspond au chapitre premier, qui porte sur le parcours de Guy Rocher et son passage de l'identité de Canadien français à celle de Québécois. Bien que s'étant toujours défini comme nationaliste, il m'a fait remarquer qu'il n'avait jamais vraiment publié sur ce thème mais que, paradoxalement, c'est la question du Québec qui avait toujours été au cœur de ses travaux et de ses réflexions. Ce point de départ s'imposait donc pour saisir le fil conducteur de l'ensemble des entretiens. Au deuxième chapitre, Guy Rocher aborde la problématique du changement social et des réformes. Il montre comment celles-ci devraient être analysées dans leurs multiples dimensions. Le troisième chapitre porte sur la culture et la langue. Il nous rappelle la richesse d'un regard sociologique qui a comme point d'entrée la culture, vu comme l'ensemble des représentations de la population qui habite et transforme un territoire ainsi que ses relations avec les autres territoires. On y note la sensibilité du sociologue au fait que la culture ne se décline jamais au singulier même s'il continue de rechercher son unité dans la diversité. Le quatrième chapitre aborde l'incontournable question de l'éducation. Il s'agit d'un plaidoyer véritable et riche en faveur d'une valorisation de l'intelligence comme créatrice et consommatrice de savoir et de la complémentarité entre les deux niveaux de valeurs, humanistes et civiques, qui devraient être au cœur de tout projet éducatif. Le cinquième chapitre se penche sur la question des rapports intergénérationnels. Guy Rocher a côtoyé et formé plusieurs générations d'étudiants. Il aime à répéter qu'il est parfois invité à des célébrations qui marquent le départ à la retraite de certains d'entre eux, alors que lui continue à enseigner. On peut certes y voir une passion pour l'enseignement qui ne se tarit pas, mais c'est aussi une occasion pour lui de jeter un œil sur les principaux changements et défis qui marquent le passage des générations. Le sixième et dernier chapitre pose la question de la prégnance du droit dans les rapports sociaux. Pour Guy Rocher, le droit est de plus en plus présent dans la définition identitaire des collectivités et des contours de l'espace national, des institutions ou de la communauté, et il note que le changement social se fait souvent par le changement de la norme juridique, celle-ci précédant d'ailleurs parfois des changements plus profonds au sein de la société. Toutes ces questions sont traitées avec la nuance, la prudence et la subtilité qui me semblent compter parmi les caractéristiques qui se dégagent de ses multiples écrits.

Comme bien d'autres, Alain Touraine a souligné le lien très fort entre la pensée de Guy Rocher et l'évolution du Québec[9]. Ces entretiens permettent ainsi de prendre la mesure de sa contribution. Mais il me semble que l'une des richesses des réflexions formulées tient aux multiples chantiers qu'il nous invite à entreprendre, aux défis qu'il identifie et qu'il nous convie à relever. À cet égard, la pensée contemporaine de Guy Rocher devrait interpeller tous ceux et celles qui sont préoccupés par l'avenir du Québec.

* * *

---

9. Alain Touraine, « Acteur et penseur des réformes », dans *ibid.*, p. 336.

Je connais Guy Rocher depuis toujours puisque je suis son neveu. Nous avons même publié quelques textes ensemble. Mais jusqu'à ce qu'Alain-G. Gagnon, à titre de directeur de la collection « Trajectoires », nous invite à réaliser ce projet, je l'avais surtout fréquenté à travers ses multiples écrits. Je pense mieux le connaître maintenant et vais continuer à habiter, aux sens propre et figuré, les lieux du Québec qu'il a aménagés avec tant d'énergie, de générosité, de clairvoyance et de passion. Je tiens à le remercier de s'être prêté, de si bonne grâce, à cet exercice ainsi que des multiples heures consacrées à la révision des transcriptions. Mes remerciements vont aussi à sa femme Claire-Emmanuèle Depocas, présence attachante, agissante et discrète tout au long des mois qui ont vu naître ce projet. Je ne saurais passer sous silence la confiance témoignée par Alain-G. Gagnon (ainsi que sa patience), qui nous a invités à enrichir sa collection d'entretiens avec les bâtisseurs du Québec.

François Rocher

Chapitre 1

DU NATIONALISME CANADIEN-FRANÇAIS À L'INDÉPENDANCE DU QUÉBEC

■ *L'objectif de cet entretien est de voir de quelle manière les événements marquants au Québec et au Canada au cours des soixante dernières années ont mené à une redéfinition de l'identité canadienne-française, ou québécoise, et comment vous avez réfléchi sur cette question.*

Je suis né dans une colonie britannique. En 1924, le Canada faisait partie de l'Empire britannique : il en était une colonie avant d'en devenir un peu plus tard un dominion. C'est dans l'adolescence que j'ai progressivement pris conscience de ce statut du pays canadien. Mes huit années d'étude au Collège de l'Assomption ont été très marquantes dans mon évolution personnelle ainsi que dans ma réflexion sur notre identité nationale.

Au Collège de l'Assomption, où j'ai fait le cours classique entre 1935 et 1943, régnait un certain nationalisme, à cause de quelques professeurs. Pas l'ensemble des professeurs, bien sûr ; quelques-uns, pas très nombreux d'ailleurs, étaient ouvertement nationalistes. Avec un certain nombre de confrères, j'ai été, je ne saurais dire ni comment ni pourquoi, sensible à cette idéologie. J'ai pris conscience que nous étions, nous Canadiens français, une minorité dans ce Canada. Et que nous avions à militer pour faire reconnaître nos droits légitimes par une majorité dont la sympathie ne nous était pas nécessairement acquise. De plus, ce Canada, nous espérions le voir évoluer vers autre chose que ce qu'il était, une colonie. Le Canada avait déjà connu une évolution dans cette direction grâce au statut de Westminster, en 1931 : il était passé de colonie à ce qu'on appelait un dominion, gagnant une certaine indépendance, mais très relative. La mentalité colonialiste était encore dominante.

Ce que j'ai connu au Collège de l'Assomption, c'est le nationalisme canadien-français. Je veux en parler parce que je constate aujourd'hui que l'on en a développé une image négative, comme s'il avait été entaché du « péché ethnique » et replié sur lui-même. On est comme gêné de ce passé nationaliste, et l'on n'ose plus s'en réclamer. Or, le nationalisme que j'ai vécu dans ma jeunesse ne mérite pas cet étiquetage. Il se portait à la défense des intérêts et des valeurs des Canadiens français, ce qui était non seulement normal mais nécessaire à l'époque. Il était en même temps largement ouvert sur l'ensemble du Canada, sur son statut politique. Ce Canada, nous espérions qu'il devienne indépendant, détaché de l'Empire et du Commonwealth, et qu'il se définisse comme étant biculturel et bilingue.

Non seulement nous espérions qu'il évoluerait dans ce sens, mais nous y travaillions, parce que nous le disions fondé sur ce que nous appelions à l'époque les « deux nations » ou les « deux peuples fondateurs ». On ne pensait pas encore aux Amérindiens. Les peuples fondateurs étaient les Français, qui avaient occupé le territoire après les Amérindiens, et les Britanniques venus par la suite dès 1760. Ce Canada biculturel et bilingue, nous insistions pour qu'il se réalise dans les faits : cela voulait dire que l'on puisse s'adresser à l'administration fédérale canadienne en français aussi bien qu'en anglais, qu'on puisse obtenir du gouvernement fédéral canadien une documentation en langue française, que l'on puisse obtenir auprès de ce qui s'appelait encore le Dominion Bureau of Statistics des données en langue française. Et pour cela, je me souviens, nous faisions campagne. J'écrivais à Ottawa, comme d'autres le faisaient, à un ministère ou à un autre, ou encore au Dominion Bureau of Statistics, pour avoir un document. Et j'insistais pour qu'il soit en français. À cette époque-là, nous pouvions écrire gratuitement au gouvernement canadien. Au lieu d'apposer un timbre, nous devions simplement écrire *On His Majesty's Service* sur l'enveloppe. Et justement nous avions pris l'habitude de remplacer cette formule par « Service de Sa Majesté ». C'était « SSM » que nous mettions dans le coin droit de l'enveloppe au lieu du « OHMS ». Ça nous permettait d'écrire aussi souvent que nous le voulions. Quand je recevais un document en anglais, je protestais, je le retournais, je demandais la version française. Nous pratiquions une sorte de politique de harcèlement national. Dans une perspective non pas étroitement ethnique, mais bien canadienne. C'était notre manière de faire progresser et de défendre notre conception d'un Canada biculturel et bilingue.

Nous nous attaquions également à d'autres symboles de l'État. Par exemple, nous demandions que la monnaie et les timbres, qui étaient encore exclusivement en langue anglaise, deviennent bilingues. Ces symboles auraient alors une double signification : ils affirmeraient la présence du français sur un pied d'égalité dans l'administration canadienne et ils annonceraient la marche du Canada vers l'indépendance vis-à-vis de l'Empire britannique et du Commonwealth.

L'idée de l'indépendance du Canada était très présente dans ce nationalisme canadien-français : les supports du bilinguisme servaient à concrétiser le projet d'un pays différent de l'Empire britannique, d'un pays qui allait trouver ou inventer sa définition particulière.

J'ai vécu cette période-là d'une manière très intense. Je me souviens que je faisais partie de ce qui s'appelait, dans notre collège, l'Académie anglaise. En troisième année, nous pouvions entrer soit dans l'Académie française, soit dans l'Académie anglaise. Je me suis retrouvé dans l'Académie anglaise, tout simplement parce que le professeur modérateur m'a invité à y entrer avant celui de l'Académie française. Dans cette Académie, chacun de nous devait faire au moins un discours en anglais par semestre et chacun de nous, à l'occasion, posait des questions à l'orateur. Nous nous exprimions en anglais, nous n'avions pas le droit d'utiliser une autre langue que l'anglais pendant la séance hebdomadaire ou bimensuelle, qui durait à peu près une heure. Je me souviens du premier discours que j'ai fait devant cette assemblée, le premier discours de ma vie, que j'avais intitulé *We Need a Canadian Flag*. J'ai fait ce discours avec beaucoup de passion, et j'ai été vivement applaudi, à mon grand étonnement. C'est à cette occasion que j'ai découvert que je pouvais être un orateur, que je pouvais haranguer un public. Ce fut une surprise. Ce premier discours doit remonter à 1938. J'y exprimais un sentiment national très fort, un sentiment que je qualifierais de nationaliste canadien.

◼ *Vous étiez près des idées d'Henri Bourassa ?*

D'Henri Bourassa et, d'une certaine manière, de Lionel Groulx. J'étais un lecteur du *Devoir* et de *L'Action nationale*. *L'Action nationale* était, si je me souviens bien, une des rares revues que nous étions autorisés à recevoir au collège. Et *Le Devoir*, je le lisais chaque matin. J'étais le servant de messe d'un professeur, l'abbé Hector Bonin, notre professeur de physique, qui y était abonné. Je me rendais à son appartement, le matin, et, en attendant qu'il soit prêt pour la messe, je lisais le journal. J'ai donc été très jeune, depuis l'âge de quatorze ou quinze ans jusqu'à dix-huit ou dix-neuf ans, un lecteur quotidien du *Devoir*, du temps de Georges Pelletier, Omer Héroux et Paul Sauriol. À travers *Le Devoir* se révélait à nous le sort des Canadiens français hors Québec, le fait qu'ils ne jouissaient pas des droits et des institutions dont bénéficiaient les Canadiens anglais du Québec. Il y avait là une inégalité profonde. Les institutions manquantes dans le reste du Canada pour les Canadiens français étaient évidemment facteurs d'anglicisation d'une importante partie de la population canadienne-française dans le reste du Canada. *Le Devoir* militait en faveur de la reconnaissance, en particulier, d'écoles françaises en Ontario, au Manitoba, au Nouveau-Brunswick, là où on considérait que les Canadiens français et les Acadiens étaient gravement lésés par la législation. Je me souviens que nous recevions aussi des conférenciers venant de l'Ontario et du Manitoba, parmi lesquels un monsieur Boulanger, un militant du Manitoba et le père d'un psychiatre qui a été connu ici, le docteur Jean-Baptiste Boulanger. Monsieur Boulanger père militait en faveur des droits des Canadiens français manitobains. La promotion du français hors Québec faisait justement partie de la conception du Canada, tel que nous le voulions.

Le Canada était donc pour nous un projet, le projet d'une société, d'un pays, d'une nation autre que ce qu'elle nous apparaissait encore être, dominée qu'elle était par l'anglais et la majorité de langue anglaise.

Et ceux que l'on pouvait considérer comme nos antagonistes, nos adversaires, ceux contre qui nous nous battions, c'était les Canadiens anglais encore attachés à l'Empire britannique, à l'Union Jack, à l'unilinguisme du Canada. C'était les loyalistes et les royalistes, ceux qu'on appelait les Orangistes de l'Ontario, les plus irrédentistes de tous. Nous avions le sentiment de projeter dans l'avenir un pays différent que ce que ces Canadiens anglais voulaient et de militer pour son avènement. Je peux dire aujourd'hui, après coup, que ce sont des Canadiens français, avec sans doute un certain nombre de Canadiens anglais, qui par ce nationalisme ont préparé l'avènement du Canada que nous connaissons maintenant et ouvert la voie au nationalisme canadien qui, par la suite, s'est développé.

■ *En parliez-vous beaucoup au collège, et dans les cours d'histoire, de cette vision du Canada bilingue et fondé sur la reconnaissance des deux peuples fondateurs, ou bien était-ce plutôt discuté dans des cercles plus restreints ?*

Ce n'était pas vraiment présent dans l'enseignement, ni même dans l'enseignement de l'histoire du Canada qui, de ce point de vue, n'était pas militant. Cela se discutait plutôt d'une manière très informelle, au sein de petits groupes. Nous avions l'ACJC (Association catholique de la jeunesse canadienne), qui prenait la forme de cercles d'études, mais qui n'était pas vraiment active. Ce qui s'est imposé dans mon collège, c'est plutôt l'Action catholique, donc un militantisme différent du militantisme nationaliste, qui l'ignorait même. Notre réflexion se faisait de manière diffuse. Nous n'étions qu'un petit nombre d'élèves à discuter de l'avenir national et politique. Je me souviens en particulier de quelqu'un qui est devenu un important journaliste de la scène canadienne, Guy Beaudry, un militant nationaliste. C'est de sa bouche que j'ai pour la première fois entendu parler de l'indépendance du Québec. Je me souviens aussi de Pierre Laporte, bien connu par la suite, qui était de trois ans mon aîné. C'est aussi au Collège de l'Assomption que j'ai connu Camille Laurin. Mais je dois dire qu'il ne faisait pas partie du petit groupe des « politisés ». C'était un jeune intellectuel qui dévorait les livres et avec qui j'avais développé une complicité particulière autour de nos lectures.

Je garde un souvenir vivant d'un de nos professeurs, l'abbé Blaise-Émile Pleau, le pilier du mouvement nationaliste au collège. Cet homme avait un côté assez mystérieux ; c'était le professeur qui allait à Montréal le plus souvent. L'Assomption était un petit village, et peu de nos professeurs voyageaient vraiment. Mais l'abbé Pleau était mêlé au cercle nationaliste de Montréal. Il connaissait l'abbé Groulx, et il avait organisé pour nous un voyage à Montréal, bien que nous fussions pensionnaires, où nous entendrions deux grandes conférences d'Henri Bourassa à la salle du Plateau ; c'était au début des années 1940. J'ai donc vu et entendu Henri Bourassa, cet orateur extraordinaire, qui avait une voix superbe et une grande élégance. En somme, nous étions nourris, comme vous le disiez, de la pensée d'Henri Bourassa, de celle de *L'Action nationale,* et de celle de ce professeur, l'abbé Pleau.

J'ai, avec mes camarades, fondé le petit journal étudiant du collège. À l'époque, à peu près tous les étudiants avaient l'idée de fonder un journal dans leur école. Nous avions donné au nôtre le nom de *L'Essor.* Nous nous intéressions au journalisme et nous avions fait inviter — probablement par l'intermédiaire de l'abbé Pleau — Georges Pelletier, alors directeur du *Devoir,* à donner à tous les élèves une conférence sur les Canadiens français hors Québec. Et nous avons tenu, nous, le petit comité de rédaction du journal, une réunion avec Georges Pelletier. Pour nous, c'était un grand moment : nous lisions ses éditoriaux religieusement, et nous étions très émus de passer une heure avec lui à parler de journalisme en général, et d'un journalisme canadien-français en particulier. Si bien que, pendant un certain temps, j'ai cru que ma vocation serait le journalisme : cela me semblait être la voie d'expression tout indiquée pour mes convictions nationalistes, convictions que partageait et véhiculait *Le Devoir* de cette époque-là.

Nous prônions donc un nationalisme canadien parce que canadien-français, et inversement. Si l'on peut dire qu'il était « ethnique » (un terme qu'on tient aujourd'hui pour péjoratif), c'est dans la mesure où il tenait à ce que ce Canada soit fait avec et pour les Canadiens français autant que pour les Canadiens anglais, et qu'il devait se déployer dans l'avenir sur la base des deux peuples fondateurs.

■ *Ce nationalisme a souvent été décrit dans une certaine historiographie comme étant marqué par le conservatisme social et culturel, la défense de la religion, des traditions, etc. Est-ce comme cela qu'il s'exprimait ?*

Oui, c'est bien vrai ; la mentalité canadienne-française était plutôt conservatrice. Cela était largement dû au clergé, à son enseignement et au climat qui régnait. Mais pas dans tout le clergé, par ailleurs. Il est vrai que pendant la guerre, par exemple, nous étions beaucoup plus sympathiques à Pétain qu'à De Gaulle, et plus sympathiques à Franco qu'à l'armée républicaine pendant la guerre d'Espagne. Sans doute peut-on parler de conservatisme dans le sens où notre vision de l'avenir du Canada avait ses fondements et ses justifications dans le passé, dans l'héritage légué par les générations qui avaient lutté pour la survivance du français, de la religion catholique et du droit français (les trois grands piliers de la culture canadienne-française alors considérés comme coexistants et se renforçant mutuellement). C'était, comme vous le dites, un conservatisme social et culturel. Il était foncièrement anticommuniste, antisocialiste, fermé aux idées de la gauche. Socialement, il s'inspirait des encycliques sociales des papes Léon XIII et Pie IX, conçues en réponse aux socialismes montants du XIXe siècle.

Mais cela ne résume pas tout le climat de l'époque. Je

trouve qu'on a aujourd'hui oblitéré le fait que ce conservatisme social s'accompagnait d'un progressisme politique, d'une perception politique de nous-mêmes et du Canada qui étaient loin d'être conservateurs. Je dirais que le conservatisme social cohabitait avec un progressisme politique canadien. La vision que nous avions du Canada se portait vers l'avenir, avec une vision précise de ce qu'il devait devenir. Nous considérions que les Canadiens anglais avaient une conception conservatrice du Canada alors que nous, nous étions progressistes. Il y avait, d'ailleurs, une part républicaine dans notre idéologie : nous refusions que la reine ou le roi d'Angleterre soient le roi ou la reine du Canada. La royauté britannique, c'était pour nous le pire symbole de notre colonialisme. Donc, nous étions très antiroyalistes.

À ce propos, je me souviens de la visite du roi George VI et de la reine en 1939, un peu avant la guerre, alors qu'ils faisaient une grande tournée de propagande (impérialiste) à travers le Canada. Le directeur des élèves du Collège de l'Assomption n'était pas du tout nationaliste. Nous dirions aujourd'hui qu'il était fédéraliste, mais il était plutôt royaliste. Il avait décidé que nous devions nous rendre au village voisin, l'Épiphanie, parce que c'est là que le train royal allait passer et que nous allions avoir, à ses yeux, le privilège de saluer le roi et la reine. Aller ou ne pas aller à l'Épiphanie, ce fut l'objet d'un grand débat ! Je ne sais pas dans quelle mesure il s'est fait entre les professeurs. Mais, entre nous, les élèves, il y avait controverse : notre petit groupe nationaliste était très choqué par la décision de notre directeur. Mais il a fallu obéir. Nous avons été transportés à l'Épiphanie dans des camions ; heureusement, il faisait beau. Nous nous sommes installés sur le quai de la gare, avec la fanfare du collège ; nous avions reçu des ordres quant à la manière de saluer. Le train royal est arrivé et est passé devant nous à toute vitesse. Il n'a même pas ralenti ! Cela a été l'objet d'une immense rigolade. Je dirais que ce fut notre petite victoire contre le directeur des élèves, qui avait voulu nous trimbaler là. Il en a été très humilié, car il s'attendait vraiment à ce que le train s'arrête pour qu'on puisse acclamer le roi et la reine.

Différentes anecdotes se transmettaient de génération en génération parmi notre groupe nationaliste. Notamment, on racontait que, en 1917 ou 1918, le premier ministre du Canada, sir Robert Borden, qui avait imposé la conscription, très mal vue par les Canadiens français, était en tournée au Québec. Les organisateurs du Parti conservateur avaient demandé au supérieur du collège s'il acceptait que sir Borden visite son établissement. Le supérieur du collège, l'abbé Hébert, devenu le chanoine Hébert, était sans doute un nationaliste de son époque. Il avait accepté de le recevoir, mais il n'en était pas très heureux. Il avait fait entrer sir Borden dans le parloir du collège, où les parents venaient visiter leurs garçons pensionnaires. Et là, au lieu d'y amener les élèves, le supérieur avait invité les professeurs seulement. Les organisateurs avaient préparé un discours s'adressant aux élèves. Comme sir Borden ne parlait ni ne comprenait le français, il s'était mis à débiter son discours : « Mes chers élèves… », etc. Les professeurs faisaient un grand effort pour ne pas éclater de rire devant lui. L'abbé Hébert était content de son coup, il paraît qu'il jubilait. Cette histoire, vraie ou fausse — lorsque je l'ai connu, le chanoine était trop vieux pour que je puisse avoir avec lui les conversations que j'aurais voulu — exprimait, disait-on, la réponse nationaliste à la conscription imposée par un premier ministre anglophone conservateur.

Si je raconte cette anecdote, c'est pour évoquer le climat politique dans lequel j'ai vécu mon adolescence. J'ai parlé ailleurs du climat religieux du Québec de l'entre-deux-guerres, qui m'a aussi beaucoup marqué. Mais vous me donnez l'occasion d'évoquer une autre dimension de cette période de l'histoire du Québec et les orientations politiques qui ont été celles de mes quinze ans.

■ *Était-il question à cette époque-là de l'infériorité de statut des Canadiens français au Québec même ? La question des injustices internes était-elle présente ?*

C'était très présent, oui. Je me souviens que ça se présentait surtout dans le milieu du travail industriel, où régnait la domination de l'anglais. Si on voulait accéder à un poste supérieur, on savait bien qu'il fallait abandonner l'espoir de travailler en français. Et l'on savait bien aussi que, dans l'industrie, le clivage se faisait au niveau des contremaîtres. Nous avions des confrères dont les pères étaient ouvriers. Je me souviens de l'un d'eux qui travaillait à la Vickers, et était un militant syndical. Il disait à son fils : « On travaille en français entre nous, mais du moment que le *foreman* nous parle, il faut être capable de comprendre l'anglais. » L'inégalité socioéconomique entre français et anglais était donc très visible pour nous à ce moment-là. Et nous savions qu'elle était encore bien plus marquée dans le monde de la finance, des affaires. Cela faisait partie de notre projet pour le Canada : exiger qu'au moins au Québec, sinon dans d'autres provinces, le français soit reconnu et accepté au même titre que l'anglais.

■ *La guerre a probablement été un moment marquant dans l'évolution du nationalisme canadien-français, à cause de la croissance démographique dans les villes, de l'industrialisation, de l'arrivée des femmes sur le marché du travail, de la perte de contrôle que le clergé pouvait exercer sur les masses. De quelle manière cela a-t-il été vécu ?*

J'ai connu la guerre pendant mes années de collège et j'ai vu les choses se transformer rapidement autour de nous. Ce qui se créait autour du petit village de l'Assomption, c'étaient les industries de guerre, qui faisaient surtout appel à une main-d'œuvre féminine. C'était donc, pour moi, la première manifestation du changement. Les femmes, jeunes et moins jeunes, allaient travailler à l'usine. Ce qui apparaissait aussi, c'était le problème de la langue dans l'armée canadienne. Parce que, là encore, on entendait dire que le français n'était pas admis. Qu'il fallait une seule langue et, évidemment, cette langue était l'anglais. C'est une des raisons pour lesquelles on n'était pas enclins à s'enrôler. Souvent, on entend dire chez les Canadiens anglais que nous avons été des froussards. C'est ne pas tenir compte du fait que l'armée nous apparaissait comme un autre milieu d'anglicisation des Canadiens français. Mon collègue sociologue Jacques Brazeau a fait la guerre dans l'armée canadienne, où il a été un promoteur de la langue française. Il est à mes yeux un héros de la lutte pour la reconnaissance du français dans l'armée canadienne pendant et après la guerre.

Pour ma part, j'ai été peu marqué par l'armée parce que je n'ai pas fait partie de la réserve. J'en ai été exempté, je ne sais trop comment ni pourquoi d'ailleurs. Mais je me souviens que mes confrères qui étaient dans l'armée de réserve et qui devaient passer quelques semaines de l'été au camp militaire s'insurgeaient contre l'anglicisation dont ils étaient victimes.

Au sortir du collège, j'ai été beaucoup plus actif dans l'Action catholique que dans le mouvement nationaliste canadien-français. L'Action catholique était très peu sensible au nationalisme. Ce n'est pas étonnant que la majorité des gens qui ont milité au sein de l'Action catholique, de la JEC en particulier, ont par la suite opté pour le fédéralisme. Je dirais que j'ai consciemment mis en veilleuse ma sensibilité nationaliste pendant cette période-là. J'en étais un peu gêné, mais je ne voyais pas comment je pouvais exprimer mes convictions nationalistes dans le milieu de la JEC. Et je ne l'ai pas fait. Je me suis plutôt engagé dans une autre forme de militantisme.

J'ai retrouvé cette préoccupation nationale et nationaliste à mon retour de Harvard, quand j'ai commencé à enseigner à l'Université Laval en 1952. Bien sûr, j'aimais l'étude, j'avais le goût de l'étude. Mais mon séjour à Harvard a été très marquant sur un autre plan : c'est là que j'ai compris l'importance d'un milieu universitaire pour un pays. Quand je voyais la différence entre ce que j'avais connu à l'Université de Montréal, à l'Université Laval, qui étaient encore de bien petites universités, et ce qu'était Harvard, je me disais que ma contribution à la vie nationale québécoise serait de participer au développement des universités, ou d'une université. Cela a été la première ambition de ma carrière d'universitaire : encourager l'essor d'une université québécoise qui soit un lieu de culture, de recherche et d'enseignement, et qui, sans nécessairement atteindre le niveau d'autres grandes universités européennes ou américaines, devienne une institution de haut savoir pour la jeunesse de son pays.

Il n'y avait pas un fort courant nationaliste québécois chez les professeurs de la Faculté des sciences sociales de l'Université Laval. Il y régnait plutôt un nationalisme strictement canadien. Ils se méfiaient du nationalisme canadien-français, qui leur apparaissait plus montréalais que québécois, et aussi trop conservateur. Ils étaient en guerre avec François-Albert Anger et Esdras Minville sur plusieurs points. Les publications de ces derniers n'étaient pas des lectures bien vues dans notre Faculté des sciences sociales. Ce n'est qu'avec Léon Dion et Fernand Dumont que j'ai pu partager, à quelques occasions, le malaise que je ressentais à ce sujet. Dans un autre registre, je me souviens de mes échanges sur la politique canadienne et québécoise avec certains autres collègues, comme Maurice Tremblay et René Tremblay, avec qui j'ai souvent eu l'occasion de discuter. Particulièrement René Tremblay qui, par la suite, a fait une carrière politique sur la scène fédérale. Maurice Lamontagne était trop fédéraliste à mon sens. Je sentais chez lui beaucoup de mépris pour notre nationalisme canadien-français. Jean-Charles Falardeau y était beaucoup plus sensible. C'est lui qui m'a proposé, par exemple, d'être actif dans l'Association des sociologues canadiens, qui débutait à l'époque, parce qu'il croyait à la présence et au témoignage des Canadiens français. C'est par lui que j'ai été amené à participer aux réunions des sociétés savantes canadiennes, dans les années 1950 et 1960. C'était assez réconfortant à ce moment-là, parce que, dans notre Association, un certain nombre de sociologues canadiens-anglais étaient bilingues, et nous pouvions avoir avec eux une conversation dans les deux langues. Certains étaient même assez sympathiques au nationalisme canadien-français. Je trouvais que Jean-Charles Falardeau avait raison de nous engager dans cette voie. Mais les choses ont bien changé depuis.

De mon côté, j'ai quelques souvenirs d'une certaine colère, que j'avais ressentie au début des années 1950, alors que j'étais encore un jeune sociologue : j'avais reçu trois journalistes canadiens-anglais qui venaient explorer le Québec de l'époque et qui posaient toujours la même question : pourquoi le Québec demeure-t-il dominé par le clergé ? (Ils appelaient le Québec la *priest-ridden province*.) C'était la question que tous les Canadiens anglais se posaient. J'avais tenté de leur répondre de mon point de vue nationaliste canadien-français et canadien, ce qui les avait assez surpris. À la fin, ils m'avaient demandé : « Qu'est-ce qu'il faudrait que nous écrivions à notre retour pour améliorer le climat entre Canadiens anglais et Canadien français ? » Je leur avais répondu : « Vous devriez entreprendre une campagne en faveur des écoles françaises dans toutes les provinces du Canada. » Ils avaient été absolument ahuris. Je me souviens encore de mon étonnement devant le leur. C'était la première fois que j'avais l'occasion de m'exprimer ainsi devant des journalistes canadiens-anglais. Je n'ai jamais oublié notre discussion : ils avaient avoué qu'ils n'avaient jamais pensé à cela et étaient plutôt d'avis que c'était impossible à réaliser. C'était pourtant à mes yeux une demande élémentaire. « Songez, leur dis-je, à la différence de traitement entre les Canadiens anglais du Québec et les Canadiens français chez vous. » Je leur avais demandé à la fin s'ils étaient d'accord pour s'engager à faire la promotion de l'école française dans les articles qu'ils préparaient. Ils étaient malheureusement davantage intéressés à parler du retard du Québec et à reprendre la thèse de la *priest-ridden province*.

■ *Les élites n'aidaient pas beaucoup à changer cette perception. Comment un nationalisme plus autonomiste pouvait-il se conjuguer avec cette approche pancanadienne ?*

Je peux dire que le nationalisme de Duplessis et de tous ceux qui l'appuyaient était pour nous un gros problème parce qu'il confirmait l'image d'un nationalisme conservateur, tourné non seulement vers son passé, mais vers des politiques sociales archi-conservatrices et alliées au cléricalisme régnant. Bien sûr, ceux qui taxaient notre nationalisme canadien-français de conservatisme avaient beau jeu. Il fallait donc constamment faire la démonstration qu'il pouvait y avoir un nationalisme ouvert sur d'autres perspectives sociales. C'est pour cela que j'ai participé à certaines activités où on pouvait s'exprimer un peu autrement. En particulier, il y a eu les rencontres annuelles de la décennie 1950 organisées par l'Institut canadien des affaires publiques, en collaboration avec Radio-Canada, où on se retrouvait entre intellectuels de différentes écoles idéologiques et politiques. On trouvait là un bain de réflexion, de pensée critique très stimulant. Nous avions bien besoin d'un tel milieu, dans le climat étouffant de l'époque duplessiste. C'est entre autres dans ces rencontres que se préparait la Révolution tranquille des années 1960.

■ *Comment avez-vous tenté de résoudre ce problème entre le discours autonomiste et conservateur de l'élite politique et votre propre approche, qui était plus ouverte ?*

Ce qui, à mes yeux en tout cas, a peut-être permis de vivre cette tension, ce sont justement ces lieux où une réflexion critique était possible et vivante. C'était le cas des rencontres de l'IPAC dont je viens de parler, et aussi de la Faculté des sciences sociales de l'Université Laval ; le syndicalisme québécois connaissait un nouveau leadership avec Gérard Picard, Jean Marchand et Marcel Pepin. Le journal *Le Devoir*, sous la direction de Gérard Filion et d'André Laurendeau, était un quotidien où s'exprimait une pensée politique et sociale critique. Le Parti libéral du Québec à la fin des années 1950 nous est aussi apparu comme le lieu où fleurissait un nationalisme canadien-français et québécois beaucoup plus progressiste. Je n'ai pas été mêlé à cela directement, je n'ai suivi que de loin l'élaboration du programme électoral du Parti libéral, qui a commencé en 1957, avec le concours d'Émile Lapalme et de Paul Gérin-Lajoie entre autres. Certains de nos collègues, comme René Tremblay, s'engageaient dans cette voie et participaient à la réflexion politique engagée dans le Parti libéral du Québec ; de même, Arthur Tremblay, qui n'avait pas vraiment l'intention de faire une carrière politique, mais qui était très sensible à la nécessité d'élaborer de nouvelles politiques sociales, particulièrement en éducation, avec l'espoir de voir se mettre en place une fonction publique québécoise qui serait d'une autre nature que celle qu'avait instituée le régime Duplessis. Durant cette sombre période du nationalisme de Duplessis, notre espoir résidait dans ce que pouvait nous annoncer le nouveau programme du Parti libéral ; c'était le poumon qui nous faisait respirer. La victoire du Parti libéral en 1960 a donc été pour nous un moment inoubliable.

Mais avant cette victoire, l'automne 1959, après la mort

de Duplessis, nous a réservé une surprise de taille : les trois mois du gouvernement de Paul Sauvé, le successeur de Maurice Duplessis comme chef de l'Union nationale et premier ministre du gouvernement du Québec. Si monsieur Sauvé avait vécu, le Parti libéral n'aurait peut-être pas pu gagner l'élection de 1960, et on associerait la Révolution tranquille à Paul Sauvé. Mais il est mort après avoir été premier ministre du Québec pendant seulement trois mois. C'était un leadership politique nouveau que représentait Paul Sauvé avec ses fameux « désormais » qu'André Laurendeau avait relevés dans un éditorial du *Devoir*. Ces « désormais », je les ai entendus de mes oreilles. En effet, en 1959, j'étais directeur de l'École de service social à la Faculté des sciences sociales de l'Université Laval. Nous voulions créer l'Ordre professionnel des travailleurs sociaux et, à cette fin, nous nous étions présentés devant une commission parlementaire présidée par monsieur Sauvé. C'était étonnant de l'entendre, d'autant plus qu'avant de devenir premier ministre il n'annonçait pas ce qu'il est devenu pendant ces trois mois. Comme ministre dans le gouvernement Duplessis, il paraissait plutôt débonnaire et bon vivant. Porté par ses collègues à la direction de l'Union nationale, il s'est avéré un esprit ouvert et un fin politicien.

■ *Au même moment, vous changiez de vie et de milieu. Cela a-t-il influencé votre orientation politique, votre pensée ?*

En effet, au début des années 1960, pour moi, c'est le passage de Québec à Montréal. Je migre, je quitte la Faculté des sciences sociales de l'Université Laval. J'arrive à la Faculté des sciences sociales de l'Université de Montréal pour prendre la direction du Département de sociologie. Mais une surprise m'y attend. En avril 1961, Paul Gérin-Lajoie m'invite à faire partie de la Commission royale d'enquête sur l'enseignement pour la province de Québec. C'est lui, et Arthur Tremblay sans doute, qui m'ont choisi. Les deux me connaissaient.

J'avais connu Paul Gérin-Lajoie en 1946, à Prague, dans des circonstances bien particulières. Au sortir de la guerre, les mouvements de jeunesse des différents pays reprenaient contact, et l'idée de créer une grande association internationale des mouvements de jeunesse avait germé. Le projet avait d'abord été préparé en 1945, lors d'une rencontre internationale à laquelle Pierre Juneau avait participé. En 1946, j'étais en Europe, délégué par la JEC canadienne, dont j'étais le président. Le but de mon séjour en Europe était de participer à diverses rencontres internationales, de visiter la JEC de différents pays, de mettre en route le projet d'un secrétariat international de la JEC, et de renouer ainsi une communication rompue cinq ans auparavant. Au début de l'été 1946, une délégation canadienne s'est formée, dont j'ai été amené à faire partie, pour aller au congrès qui allait se tenir à Prague, dont le but était de créer l'Association esquissée en 1945. Paul Gérin-Lajoie était en Angleterre, il bénéficiait d'une bourse Rhodes à Oxford. Il était notre aîné, c'est donc lui qui présidait la délégation. Nous avons passé presque une semaine ensemble à Prague, dans un congrès qui avait un aspect tragique, parce que le projet était finalement dominé par les jeunesses communistes, qui s'en étaient emparées et cherchaient à tout prix à en garder la maîtrise. Elles s'étaient arrangées pour être majoritaires et, je dois dire, nous jouaient de sales tours : Paul et moi en avons été victimes à quelques reprises. Vers la fin du congrès est arrivé dans notre délégation un nouveau membre qui disait représenter toute la jeunesse des anciens combattants canadiens. C'était un Canadien de langue anglaise qui surgissait comme cela, à l'improviste. Au moment où s'est formé l'exécutif de la nouvelle association internationale, à la fin du congrès, Paul Gérin-Lajoie s'est présenté à l'un des postes. Mais on a vu le nouveau membre de notre délégation se présenter lui aussi, alléguant qu'il représentait des milliers de jeunes Canadiens, bien plus que nous, disait-il. On a compris son jeu. Il était le jeune communiste de service qui avait été introduit comme cela dans notre délégation, pratiquement de force. Paul Gérin-Lajoie n'a pas été élu, c'est notre compagnon communiste qui l'a été. Puis il est disparu. Voilà un des tours qu'on nous a joués, et il y en a eu plusieurs autres du genre. C'était souvent grossier et cousu de fil blanc. Mais cette semaine à Prague avait établi entre Paul Gérin-Lajoie et moi des liens d'amitié et de complicité qui ont duré et qui durent encore jusqu'à aujourd'hui.

Arthur Tremblay me connaissait beaucoup mieux parce qu'il avait été un collègue à l'Université Laval. Il enseignait à ce qui s'appelait à l'époque l'École de pédagogie et d'orientation, la future Faculté d'éducation. Mais il y avait plus que cela : nous étions amis. Nous étions deux couples, les Rocher et les Tremblay, qui nous voyions souvent. Il y avait une différence d'âge entre nous, mais elle ne comptait pas. J'ai même enseigné avec Arthur, qui m'avait invité à participer à son cours de sociologie de l'éducation. Nous avons fait ce qu'on pourrait appeler du *team teaching* pendant quelques semaines. Arthur était moins nationaliste que moi, mais plus politisé, je dirais. Il avait été un conseiller important de la Commission royale d'enquête sur les problèmes constitutionnels présidée par le juge Thomas Tremblay. Il avait fait un rapport sur l'enseignement pour les fins de cette commission Tremblay, un rapport très remarqué et remarquable. Je pense qu'il n'avait pas traversé l'adolescence canadienne-française militante dans son collège à Chicoutimi comme je l'avais vécue à l'Assomption. Sur ce plan-là, nous n'avions pas de conflit, mais pas d'affinités non plus.

Je me souviens par ailleurs de ma surprise quand, au début de l'été, après l'élection du Parti libéral en 1960, Arthur m'annonça qu'il avait accepté l'offre du nouveau ministre de la Jeunesse, Paul Gérin-Lajoie, de devenir son conseiller. « Est-ce que cela suppose que tu quittes ton enseignement ? », « Certainement », dit-il. Il avait pris cette décision rapidement, et sans aucune hésitation ! Je lui ai dit : « Mais ça doit te poser un problème… ? » « Pas du tout : je quitte l'université parce que je pense que c'est important, ce qui s'en vient, j'ai l'occasion de faire quelque chose, et j'y tiens. » Et je pense qu'il avait raison. J'ai compris tout à coup un aspect d'Arthur que je n'avais pas bien saisi jusque-là, malgré nos années de fréquentation. Il était prêt à mener non pas une carrière politique, mais une carrière administrative, ce qu'il a fait d'ailleurs magistralement dans la fonction publique québécoise pendant un bon nombre d'années, y faisant sa marque avant de finalement devenir sénateur dans le gouvernement canadien.

J'en viens à répondre à votre question. Ma participation à la commission Parent, à laquelle j'ai été nommé à ma grande surprise, d'ailleurs, je l'ai vue comme une action nationale en ce sens qu'elle accompagnait la prise de conscience du retard des Canadiens français au Québec sur le plan du niveau de scolarisation. La réforme du système d'enseignement allait être l'occasion de réaliser le projet d'être « maîtres chez nous », selon la formule qui a eu beaucoup de succès à l'époque. Être maîtres chez nous, ça voulait dire évidemment que nous, Canadiens français, pourrions non seulement tenir les leviers de la vie politique, mais aussi accéder à des postes de pouvoir dans les structures économiques et financières du Québec, où nous étions jusque-là sous-représentés. Pour cela, il fallait former une main-d'œuvre hautement qualifiée. Cette perspective allait dans le même sens que la vocation universitaire que je m'étais donnée. Je crois pouvoir dire que, dans cette partie de ma vie, qui va de l'adolescence jusqu'au début des années 1960, le nationalisme canadien-français a été surdéterminant. C'est-à-dire que, derrière d'autres motivations, il y eut toujours celle-là.

En 1960, j'étais nationaliste, mais je n'étais pas du tout indépendantiste. Pendant la commission Parent, nous avons reçu des mémoires de « groupuscules » souverainistes, comme on les appelait. Le RIN se manifestait sur la place publique, et on sentait la poussée d'un tout nouveau courant de pensée et d'action souverainiste. Ça m'étonnait mais, en même temps, cela me rappelait des souvenirs. Au Collège de l'Assomption, certains de mes condisciples de temps en temps parlaient non seulement d'indépendance du Canada, mais d'indépendance du Québec.

■ *En quoi les propos tenus par les « groupuscules » indépendantistes étaient-ils si étonnants ?*

J'ai été étonné parce que j'assistais à la première apparition publique, devant un organisme officiel comme une commission d'enquête, de l'idée d'indépendance du Québec. J'ai alors pris conscience de la présence de cette idée sur la scène politique québécoise. Cela s'est fait sous forme de mémoires qui nous étaient présentés, pas très nombreux, et dans lesquels on nous proposait de recommander qu'au Québec l'école française soit la seule école publique obligatoirement fréquentée par tous les enfants des familles immigrantes, et que les écoles anglaises deviennent des écoles privées. La raison qu'on nous donnait, c'était que les écoles anglaises anglicisaient les nouveaux venus. Cette affirmation était étayée par certaines preuves statistiques que je ne trouvais pas encore très convaincantes, mais que je sentais le besoin de vérifier. Cela avait quand même frappé quelques membres de la commission Parent, dont moi-même. Parce que cela correspondait à ce que nous pouvions voir autour de nous à Montréal : l'anglicisation massive des enfants de familles immigrantes par l'école anglaise, protestante et catholique.

Je suis persuadé que ce problème nous est resté à l'esprit. Il a resurgi quand nous avons entrepris en 1965 de travailler à la dernière tranche de notre rapport (qui fut publiée en 1966). Nous avions prévu d'en consacrer une section à ce que nous appelions la « diversité culturelle dans le domaine scolaire », diversité religieuse, linguistique, culturelle, ethnique. Nous avons alors voulu vérifier la véracité des affirmations entendues concernant l'anglicisation des enfants de familles immigrantes par l'école. Nous avons demandé aux deux commissions scolaires de Montréal, la commission scolaire protestante et la commission scolaire catholique, de nous fournir des statistiques sur l'appartenance ethnique des enfants, des écoles de langue anglaise en particulier. Les deux commissions scolaires nous ont répondu qu'elles n'avaient pas de telles statistiques. Sauf qu'un fonctionnaire de la commission scolaire catholique, où étaient situés les bureaux de la commission Parent, nous a un jour transmis secrètement des statistiques qui nous ont vraiment bouleversés. Il était évident que les écoles irlandaises n'étaient plus du tout irlandaises, mais qu'elles étaient très majoritairement composées d'enfants de différentes origines ethniques et linguistiques. Nous n'avions même pas besoin des statistiques des écoles protestantes pour imaginer qu'elles servaient la même cause : l'anglicisation des immigrants. Nous prenions conscience de la force d'attraction de l'anglais pour les immigrants du Québec.

Cela nous a d'autant plus frappés qu'un des membres de la commission Parent était le directeur des écoles catholiques anglaises de la Commission des écoles catholiques de Montréal. Chaque année, John McIlhone allait recruter de nouveaux professeurs en Europe. Nous lui demandions pourquoi il lui fallait aller à l'étranger recruter des professeurs. Il disait : « Nous avons trop d'élèves, nous manquons d'enseignants. » Devant les statistiques, nous avons compris pourquoi il avait besoin d'aller chercher des professeurs en Irlande.

Et John reconnaissait que la très grande majorité de leurs élèves n'était plus des Irlandais.

Que faire avec ces statistiques ? Je peux dire que nous avons eu un débat assez vif à ce sujet. Deux ou trois membres de la Commission ont commencé à dire qu'il fallait recommander que, à l'avenir, les enfants des immigrants fréquentent obligatoirement l'école française, pour contrer ce mouvement d'anglicisation notoire. Ça n'a pas fait l'unanimité. Tout d'abord, bien sûr, John McIlhone n'était pas d'accord avec nous. Mais la majorité des autres membres de la Commission ne l'étaient pas non plus. Je dis nous, parce que je faisais partie des deux ou trois membres de la Commission qui se posaient la question des conséquences à court terme de cet état de fait.

L'objection qu'on nous a opposée, c'était que cela débordait le mandat qu'on nous avait confié. C'est un problème politique que vous soulevez, nous disait-on, il devrait être réglé de manière politique, mais ce n'est pas à la commission Parent de le faire. Il a bien fallu que nous nous rangions ; l'autre solution que nous avions, c'était de faire un rapport minoritaire. Ce à quoi nous avons vraiment songé sérieusement. C'est un des rares moments où il a été question d'un rapport minoritaire d'au moins deux membres de la Commission, peut-être trois.

Cependant, nous avons obtenu que la question soit traitée dans le rapport officiel. Dans le volume 4 du rapport Parent, qui date de 1966, il y a un chapitre qui porte sur « La diversité culturelle dans le domaine scolaire et l'avenir du Québec ». Il y est question des problèmes et de l'avenir de l'école française et de l'école anglaise, et des groupes ethniques minoritaires dans le système scolaire. On y trouve un tableau où apparaît la répartition des élèves de la Commission des écoles catholiques de Montréal selon leur origine ethnique. On constate que les enfants d'origine irlandaise, anglaise et écossaise ne représentaient que 29 % des enfants des écoles catholiques anglaises. Tous les autres étaient des Allemands, des Espagnols, des Hongrois, etc. Dans les paragraphes qui suivent ce tableau, le rapport énumère les divers facteurs qui « expliquent cette préférence de la majorité des Néo-Canadiens pour les écoles de langue anglaise » : facteurs sociologiques, politiques, psychologiques, scolaires. Plus loin, on pose tout le problème de « l'adhésion des nouveaux citoyens canadiens » à la majorité francophone. Quand je relis ces paragraphes, je suis toujours étonné qu'ils soient restés si cachés, que personne à l'époque n'en ait relevé la pertinence. Il s'agit pourtant de la première mention du problème de l'anglicisation des immigrants dans un document public d'un organisme gouvernemental officiel.

Devant ce constat alarmant, la Commission a fait une bien faible recommandation. Ce que propose le rapport, c'est d'inviter les écoles de langue française à être plus accueillantes. C'était une proposition incitative, dénuée de valeur obligatoire, comme nous l'avions à l'esprit. On ajoute d'ailleurs qu'« une bonne partie des questions qui s'y rattachent dépasse le mandat explicite de [cette] commission ». Nous avons voulu dire, au fond, pourquoi nous n'allions pas plus loin. Pour certains d'entre nous, c'était vraiment à regret.

Je peux dire que cela a été un moment important dans mon évolution personnelle. À cette occasion-là, j'ai vraiment eu à débattre de la question nationale à travers le système d'éducation québécois et à réfléchir sur la fonction politique du système d'enseignement pour l'avenir du Québec, c'est-à-dire sur le rôle que le système d'enseignement n'avait pas joué et pouvait jouer désormais dans l'intégration des nouveaux immigrants à la communauté francophone et à la majorité francophone. Je n'ai jamais eu l'occasion de reparler de ce débat que nous avons eu à la Commission. Mais il a constitué, pour moi en tout cas, un des moments difficiles de la commission Parent. Probablement un débat plus difficile que celui sur la confessionnalité, où finalement on voyait assez clair malgré tout.

Et ce qui a continué à me troubler, c'est qu'après la commission Parent j'ai été élu commissaire à la Commission scolaire d'Outremont, où j'habitais. J'ai occupé ce poste pendant deux ans, entre la fin de la commission Parent, en 1966, et le moment où je suis parti pour la Californie, en 1968. Je me suis alors rendu compte que nous avions sur notre territoire une école dite irlandaise qui n'avait absolument plus rien d'irlandais. Nous avons reçu un jour une délégation de parents de cette école. Ces parents parlaient difficilement l'anglais, il n'y avait absolument rien d'anglo-saxon dans ce groupe-là. Ce fut pour moi un autre choc qui a fait en sorte que des sympathies indépendantistes ont commencé à germer dans mon esprit. Le choc que j'avais eu devant les mémoires indépendantistes qui nous étaient présentés à la commission Parent se transformait en autre chose. Je commençais à comprendre ce qui m'avait d'abord étonné.

D'ailleurs, à ce moment-là, c'était le début du MSA, le Mouvement souveraineté-association, fondé par René Lévesque après la défaite du Parti libéral en 1966. Et Camille Laurin, mon ami du temps du collège classique à l'Assomption, est venu me proposer de participer aux réunions MSA. Je ne me sentais pas encore tout à fait indépendantiste. Mais j'avais quand même assez de sympathie pour ce mouvement ; en compagnie de Camille, j'ai assisté à plusieurs rencontres avant de partir pour la Californie. C'est à cette occasion que j'ai mieux connu René Lévesque et que j'ai rencontré les fondateurs de ce qui allait devenir le Parti québécois. À ces rencontres, il était question d'un programme indépendantiste, et René Lévesque me demandait de prendre en charge le chapitre qui concernait le système d'éducation. Mais je suis parti pour la Californie, je n'ai pas donné suite à cet engagement.

■ *Pourquoi l'intégration des enfants issus de l'immigration dans le système scolaire anglophone vous a-t-elle amené vers l'idée d'indépendance plutôt que vers une position plus affirmationniste dans le cadre canadien ?*

Parce que plus j'en parlais, plus je me rendais compte que les seuls qui proposaient une solution d'intégration, c'étaient les indépendantistes. Chez tous les autres, on acceptait l'état de fait et on avait une attitude strictement incitative. Les indépendantistes, à mon sens, proposaient la solution la plus réaliste pour l'avenir du Québec. Ce qui me paraissait évident, c'est que, si on continuait à laisser aller les choses sans intervenir, on s'en allait vers un déclin du pouvoir politique des francophones à l'intérieur du Québec, surtout dans Montréal. C'est aussi ce qui est apparu évident à ceux qui, à la Commission scolaire de Saint-Léonard, ont proposé l'intégration des enfants d'immigrants italiens dans l'école française et ont demandé l'abolition des écoles bilingues qui, en réalité, anglicisaient tout simplement. Ce qui veut dire que je l'ai vu venir, en quelque sorte, ce problème de l'école française, mais un peu dans le brouillard. Je n'avais pas la fermeté, disons, d'un Raymond Lemieux, qui a pris le leadership de la « crise scolaire de Saint-Léonard ». Il avait, lui, une vue très claire de la situation et une volonté d'agir. Moi, je ne serais pas monté aux barricades, comme ils l'ont fait à Saint-Léonard, j'aurais plutôt travaillé à une réforme politique du système d'éducation.

■ *Les constatations du rapport Parent ont-elles été reprises au moment de la crise de Saint-Léonard ?*

À ma connaissance, non. Je n'ai pas souvenir qu'on l'ait fait et je n'ai jamais eu connaissance que cette partie du rapport ait été reprise. Pourtant, la crise de Saint-Léonard a éclaté en 1967, à peine un an après la parution de la dernière tranche du rapport Parent. Mais il faut dire que, si nous posions bien le problème, nous y répondions beaucoup trop timidement, sous le prétexte que ce n'était pas dans notre mandat de le faire. C'est ce prétexte qui a finalement permis un certain consensus au sein de la Commission, un difficile consensus en réalité, autour des pages que je citais tout à l'heure et dans lesquelles nous analysions la situation avec lucidité — ces pages laissaient déjà entrevoir la crise de Saint-Léonard —, mais nous n'apportions que des solutions incitatives, dont il était bien évident qu'elles n'étaient que des vœux pieux, qu'elles n'auraient aucun effet.

■ *Est-ce que votre passage à Berkeley a changé le regard que vous portiez sur les changements qui survenaient dans la société québécoise à ce moment-là ?*

Mon séjour à Berkeley a été une sorte de parenthèse dans ma vie. En 1968, je sentais le besoin de revenir à la vie universitaire. Le motif pour lequel j'allais à Berkeley, c'était que je voulais refaire mes classes comme professeur de sociologie et comme chercheur. J'avais décidé de m'éloigner du Québec et de la vie politique pour me replonger dans l'étude. C'est donc là-bas, à Berkeley, que j'ai terminé l'*Introduction à la sociologie*; c'est là que j'ai entrepris l'ouvrage sur Talcott Parsons et la sociologie américaine ; c'est là que j'ai eu l'idée de faire la recherche intitulée ASOPE (pour « Aspirations scolaires et orientations professionnelles des étudiants »), que j'ai codirigée avec Pierre W. Bélanger et toute une équipe pendant six ans. Donc, j'ai été occupé à plein de choses ; j'avais mis de côté ma pensée politique, disons en sous-main. Je me souviens que l'une de mes filles, Anne-Marie, avait fait à l'école secondaire une sorte de grand disque sur lequel était écrit

« Vive le Québec libre », ou plutôt *Free Quebec*. Et elle portait cela. À cette époque-là, en Californie, du moment qu'on appelait quelque chose *free*, cela avait du succès. Les gens s'arrêtaient et lui demandaient : « *What is free Quebec ?* » L'idée était donc présente dans la famille, au moins par l'intermédiaire d'Anne-Marie !

Quand je suis revenu de Californie, c'est le Parti libéral du Québec qui a essayé de m'amener dans son giron. Le parti avait un nouveau chef, le jeune Robert Bourassa, qui a voulu me convaincre de me présenter comme candidat dans un comté à Montréal, en promettant de me faire ministre de l'éducation dans son nouveau cabinet. J'ai eu quelques rencontres avec Robert Bourassa, seul et avec d'autres. Un des problèmes que j'avais avec lui, c'est qu'il n'était pas assez nationaliste. Je lui ai dit à quelques reprises que le courant nationaliste était très important pour moi. « Oui, oui », me disait-il. Mais après ça, c'était un peu trop oublié.

■ *Qu'aurait-il fallu à Robert Bourassa pour que vous le considériez comme assez nationaliste ?*

Le problème de la langue lui échappait. Il ne le voyait pas clairement, donc il n'avait pas de solution. Et, de toute évidence, il n'envisageait pas d'obliger les enfants d'immigrants à aller à l'école française. Sur le thème du développement culturel du Québec, nous nous entendions, mais sa principale préoccupation, c'était le développement économique. C'est par là que, pour lui, tout passait d'abord. Je n'étais pas en désaccord avec l'idée de développer l'économie, bien sûr. Mais je trouvais que ce n'était pas complet. Ce n'est cependant pas la raison principale pour laquelle je n'ai pas accepté son invitation. D'abord, je ne me sentais pas à l'aise dans le Parti libéral, c'est certain. De plus, je voulais continuer à mener ma carrière universitaire. Je ne me sentais pas la motivation nécessaire ni un goût du pouvoir assez prononcé pour m'engager dans la vie politique.

J'ai assisté de loin à l'élection d'avril 1970. Mais là où les choses se sont rapidement gâtées, c'est évidemment à l'automne 1970, avec la crise d'Octobre. Et là, j'étais tellement heureux de ne pas être du bord de ce gouvernement : j'ai été profondément heurté par le recours à la Loi des mesures de guerre. Je me suis engagé alors dans un mouvement de contestation, le Comité des huit, qui essayait de convaincre Pierre Elliott Trudeau et Robert Bourassa que c'était une grave erreur d'avoir emprisonné près de 500 Québécoises et Québécois.

■ *Qui retrouvait-on dans ce comité ?*

Nous étions trois universitaires : Charles Taylor, de l'Université McGill, Fernand Dumont, de l'Université Laval, et moi, de l'Université de Montréal. Et puis, il y avait trois syndicalistes : Raymond Laliberté, qui était le président du syndicat des enseignants, la CEQ (Centrale des enseignants du Québec), Fernand Daoust, de la FTQ et, si je me souviens bien, Jacques Archambault, de la CSN. Et finalement, deux journalistes : Claude Ryan, alors directeur du *Devoir*, et le père Vincent Harvey, un dominicain très engagé socialement et directeur de la revue *Maintenant*. J'ai été nommé président du Comité des huit, presque par défaut, je dirais. Chacun des sept autres avait une bonne raison de ne pas prendre la tête du groupe. J'ai donc été le porte-parole devant les journalistes. À certains moments avec Ryan, mais souvent seul.

Nous avons entrepris différentes actions, organisé des manifestations. Nous sommes allés rencontrer Pierre Trudeau à Ottawa, Robert Bourassa à Montréal. Chez les deux, on sentait bien un malaise. Mais il y avait entre eux et nous un gros problème de communication. Je retrouvais Robert Bourassa, que j'avais vu quelques mois auparavant dans un tout autre contexte et avec qui j'avais eu plusieurs conversations. Chacun des huit connaissait personnellement les deux premiers ministres.

Ces événements ont constitué un tournant très important pour moi et, je crois, pour beaucoup de Québécois. Parce qu'à la suite de la crise d'Octobre, j'ai été invité à aller expliquer au Canada anglais les raisons pour lesquelles nous nous opposions à la Loi des mesures de guerre. À ma grande surprise, à ma grande déception, j'ai dû me rendre compte que nous étions vraiment incompris, et non seulement incompris, mais jugés d'une manière très méprisante. J'ai eu de vives discussions avec des collègues dans différentes universités, de la part de qui je m'attendais à plus de respect.

■ *Comment ce mépris se manifestait-il ?*

Pour eux, c'était absolument essentiel que l'armée soit installée au Québec, parce qu'à leurs yeux le Québec était devenu dangereux ; nous étions au bord non seulement de l'anarchie, mais d'une grande insurrection. La peur que certains politiciens avaient répandue sur le Québec, quand on nous disait : « Le FLQ est à nos portes, le FLQ est armé », cette peur-là, elle était surtout présente dans le reste du Canada. On était persuadé que, sans le recours à la Loi des mesures de guerre, sans l'intervention de l'armée canadienne, le FLQ aurait pris le pouvoir, aurait renversé le gouvernement Bourassa et fait l'indépendance d'un Québec communiste par la force et la violence. J'avais beau leur expliquer que nous étions démocrates autant qu'eux, je voyais que cela ne fonctionnait pas. La réputation qu'a véhiculée Trudeau d'un Québec qui n'a jamais accepté la démocratie, elle était très répandue hors du Québec, je le constatais. Je prenais conscience qu'un fossé s'était créé, profond, entre le reste du Canada et nous. C'est pour cela qu'il m'arrive de dire que c'est à partir de ce moment-là que je suis devenu indépendantiste, dans la suite des événements d'Octobre. Je ne suis pas le seul d'ailleurs.

J'étais cependant dans une situation assez particulière parce que j'étais vice-président du Conseil des Arts, un organisme fédéral. Le ministre dont nous relevions, c'était Gérard Pelletier, un ami de jeunesse, que j'admirais. J'ai eu alors quelques conversations avec Gérard, chez lui et à Ottawa. Je lui expliquais notre opposition à cette loi qu'il avait cautionnée comme membre du Conseil des ministres. Je protestais contre l'emprisonnement de nos amis et d'une partie de la classe intellectuelle du Québec. Mais nous prenions acte tous les deux, avec tristesse, de l'écart infranchissable entre nos points de vue, nos options.

■ *Si je ne m'abuse, vous-même avez été visité par l'armée, non ?*

Pas vraiment. J'ai surtout reçu beaucoup d'appels durant ces jours-là, de gens me demandant depuis quand j'étais felquiste et communiste. Mais j'ai plutôt eu la visite de la Gendarmerie royale à mon bureau de l'université ; un agent m'a interrogé pendant tout un après-midi. On soupçonnait qu'à l'université j'avais des relations avec des felquistes, parmi les étudiants, ce qui n'était pas le cas.

■ *Et quelles leçons avez-vous tirées de la crise d'Octobre ?*

Première leçon, je n'étais pas d'accord avec les gestes violents du FLQ (bombes, enlèvements), mais j'étais d'accord avec le manifeste lu à la télévision. Le projet du FLQ qu'on y entendait m'apparaissait être celui que nous devions adopter.

■ *Ce n'était pas le projet de René Lévesque, qui s'était pourtant opposé avec virulence aux actes commis par le FLQ.*

Quand s'est formé le Comité des huit, nous avons eu des conversations avec René Lévesque. Nous l'invitions à se joindre à nous. René Lévesque avait refusé en disant : « En ce moment, c'est tellement facile pour nos adversaires d'identifier PQ et FLQ, et donc de soupçonner le PQ d'accepter qu'on ait recours à des méthodes violentes comme le FLQ l'a fait. » René Lévesque s'opposait au FLQ sur ses méthodes, mais peut-être pas sur le fond de sa pensée. Je me souviens que nous avions respecté ce point de vue. D'ailleurs, il nous paraissait évident que toute cette vaste opération politique, judiciaire et militaire était bien plus dirigée contre le Parti québécois que contre le FLQ.

■ *Donc la première leçon était que vous souscriviez au projet de libération nationale présenté par le FLQ ?*

C'est cela. Et la deuxième leçon, c'était que ce projet de libération nationale rencontrait une fin de non-recevoir radicale dans le reste du pays et qu'on ne pouvait plus négocier un Québec autonome à l'intérieur du Canada. Ce qui me frappait, c'était que cette fameuse autonomie du Québec avait perdu d'un coup la crédibilité qu'elle avait pu avoir, si elle l'avait eue déjà. Donc, je me disais : l'avenir n'est plus du côté autonomiste, il est du côté de l'indépendance du Québec. C'était la manière la plus logique et la plus réaliste d'envisager les choses. C'était devenu ma conviction. J'en venais aussi à croire que ce serait dans un Québec indépendant que l'on pourrait réaliser ce que je croyais nécessaire, c'est-à-dire l'intégration harmonieuse d'au moins la majorité des nouveaux venus dans la communauté de langue française. J'en étais venu à croire que cette intégration demeurerait très problématique aussi longtemps que le Québec ferait partie d'un Canada dit bilingue (l'est-il vraiment?) et devenu en 1971 multiculturel par la grâce et la volonté de Pierre Elliott Trudeau. À cet égard, la crise de Saint-Léonard m'avait montré que le problème du Québec résidait dans les écoles primaires et secondaires. Cela m'était déjà apparu pendant la commission Parent, puis à la Commission scolaire d'Outremont, et la crise de Saint-Léonard m'en avait vraiment convaincu. C'est pour cela que la loi 63, qui en 1969 faisait du Québec une province bilingue, m'est apparue comme une grosse erreur. Le gouvernement du Québec, alors dirigé par Jean-Jacques Bertrand et le parti de l'Union nationale, n'avait compris ni le problème ni la solution à apporter. C'est ce que j'avais essayé d'expliquer à Robert Bourassa. Il fallait quelque chose d'autre que cette loi 63.

■ *Mais monsieur Bourassa n'a pas été convaincu par vos arguments lorsqu'il a introduit la loi 22.*

La loi 22 a été adoptée à la suite du rapport de la commission Gendron. Bourassa s'est senti forcé d'agir et, ne sachant pas comment agir, il a vu une planche de salut dans le projet qu'a soumis le ministre de l'Éducation, François Cloutier : l'idée des tests linguistiques. Mais en réalité, le gouvernement de Bourassa sentait la pression que le mouvement nationaliste exerçait sur lui pour remplacer la loi 63, une pression de plus en plus forte. Bourassa a alors fait un pas qui, pour lui, était un pas important : il a déclaré le français langue officielle du

Québec en même temps qu'il a imposé des tests linguistiques pour l'accès à l'école anglaise à tous les enfants dont l'anglais n'était pas la langue maternelle. Je crois que Bourassa et Cloutier ont pensé que c'était la solution. Ils ont cru par là satisfaire tout le monde. Par la suite, on s'est rendu compte que ça n'était pas la solution miracle. La mise en application de cette idée de tests linguistiques, qui paraissait géniale, s'est révélée bien difficile, créant de plus en plus de réactions négatives dans les communautés culturelles.

■ *Si je me souviens bien, on a créé des écoles anglaises dans des sous-sols d'église pour permettre aux jeunes de pouvoir passer les fameux tests.*

En effet. Tous les moyens paraissaient bons pour éviter l'école française. Des familles peu fortunées étaient prêtes à bien des dépenses.

Pendant cette période du gouvernement Bourassa, je suis resté en contact avec celui qui, pour moi, était le représentant de l'indépendance du Québec : Camille Laurin. Je le connaissais depuis des années ; j'avais même participé à des cours aux futurs psychiatres en résidence à l'Institut Prévost. Camille Laurin m'avait même proposé de quitter la vie universitaire pour devenir le sociologue attaché en permanence à l'Institut Prévost, mais j'avais assez rapidement abandonné ce projet. Pour moi, Camille Laurin était donc le type du psychiatre de la nouvelle école, engagé dans un long combat pour la reconnaissance de la psychiatrie et de la psychanalyse, luttant pour l'amélioration du sort des malades mentaux. Quand Camille est venu me proposer de joindre le MSA, je lui ai demandé : « Toi, qu'est-ce que tu comptes faire ? » « Moi, disait-il, je suis prêt à me lancer en politique. » Ça m'a beaucoup étonné. Je n'avais jamais pensé que Camille aurait l'idée d'entrer en politique. Quand il est devenu député, nous sommes restés en contact. Je me considérais comme un membre inactif du Parti québécois. J'étais plutôt engagé comme chercheur universitaire dans un vaste programme de recherche sur les jeunes, qui m'accaparait énormément, en plus des autres travaux de la vie universitaire. Je ne me voyais pas faire autre chose à cette époque-là, pas du tout. J'avais mis une croix sur la vie politique.

À l'élection de 1976, l'exécutif du Parti québécois d'Outremont est venu me proposer de me présenter dans le comté. Je n'avais toujours pas l'intention de me lancer en politique. J'ai donc refusé. J'ai même reçu, un matin, un appel téléphonique de René Lévesque qui me dit : « Je ne fais pas ça souvent, mais j'ai accepté, à la demande du comité exécutif d'Outremont, d'insister auprès de vous. Pourriez-vous nous accorder trente jours de votre vie ? Parce que vous êtes certain de ne pas être élu dans le comté d'Outremont. Vous le savez comme moi, mais ça nous rendrait service. » J'ai été obligé de dire à René Lévesque : « Malheureusement, je ne peux vraiment pas. » C'est mon ami, Pierre Harvey, qui a bravement pris le drapeau du PQ dans le comté d'Outremont, qui a fait du porte à porte. Il se présentait contre André Raynauld, un économiste de l'Université de Montréal comme Pierre Harvey.

Le soir de l'élection du 15 novembre 1976, j'étais invité à Télé-Métropole pour commenter le résultat du vote. J'étais là avec Solange Chaput-Rolland et une troisième personne dont j'oublie le nom. Au moment où nous entrions en ondes, les bureaux de vote venaient de fermer, il nous fallait dire quelque chose. On nous a demandé quelles étaient nos prévisions. Solange Chaput-Rolland a dit que monsieur Bourassa serait réélu. Le deuxième représentait l'Union nationale ; il s'attendait à ce que ce parti fasse une bonne percée. Quand on est arrivé à moi, j'ai dit que, selon les sondages, on allait vers un gouvernement minoritaire dirigé par le Parti québécois. On coupe là-dessus. Alors des techniciens incrédules s'approchent et me demandent : « Est-ce que vous voulez dire que René Lévesque serait premier ministre ? » « Oui, c'est ce que ça suppose. » Finalement, nous nous étions trompés tous les trois. Ce n'était ni le Parti libéral qui allait être au pouvoir, ni l'Union nationale dans l'opposition, ni un gouvernement péquiste minoritaire. C'était un gouvernement majoritaire du Parti québécois. Grande surprise ! Je me souviens que nous avons interviewé Robert Bourassa, venu au studio dans le courant de la soirée, qui encaissait courageusement le coup. Il donnait l'impression de l'avoir vu venir.

■ *En fait, c'étaient les pires résultats obtenus par le Parti libéral, puisqu'il n'avait récolté que 33,8 % des voix, si je me souviens bien.*

Votre mémoire est certainement meilleure que la mienne. C'était aussi la déconfiture de l'Union nationale. C'est ce qui a permis au PQ de prendre le pouvoir, à son propre étonnement. Nous avions interviewé Claude Charron, qui était absolument abasourdi de ce qui leur arrivait. Je me souviens que je l'avais appelé « monsieur le ministre » ; il s'était esclaffé. C'était certainement invraisemblable, ce qui leur arrivait !

À peine trois semaines après les élections, Camille Laurin m'a proposé de travailler avec lui, d'être son sous-ministre. La raison qu'il a invoquée, c'est qu'il venait d'avoir, de la part du Conseil des ministres, un très gros mandat, qui consistait à repenser la politique linguistique du Québec. C'est avec ça qu'il m'a eu ! Je n'avais pas l'intention de faire une carrière administrative, pas plus qu'une carrière politique, mais l'idée de travailler à la politique linguistique correspondait aux préoccupations que j'avais depuis plusieurs années. Je me souviens de notre toute première conversation. Elle portait sur le fait qu'il fallait certainement, enfin, une politique qui sorte des ambiguïtés des lois 63 et 22, une politique linguistique qui correspondrait à l'esprit du programme du Parti québécois. Camille me disait aussi qu'on allait faire équipe avec Fernand Dumont, qui semblait sur le point d'accepter l'invitation. Ça m'a obligé, évidemment, à rapidement obtenir un congé de l'université.

Ce furent des mois très denses de ma vie. Il fallait faire vite. Je m'initiais au monde administratif du gouvernement et, en même temps, il fallait réfléchir rapidement à ce qu'allait être cette politique linguistique. Heureusement, nous avons eu un bon support de plusieurs conseillers et du chef de cabinet de Camille, Henri Laberge, qui avait déjà des idées bien arrêtées, plus que moi à ce moment-là, et qui rédigeait des mémoires pour le ministre, dont lui et moi prenions connaissance. C'est à ce moment-là que l'on a trouvé une solution pour remplacer les tests linguistiques. Pendant la campagne électorale, monsieur Lévesque s'était engagé à remplacer les tests linguistiques par autre chose, sans cependant savoir quoi. Camille Laurin ne savait pas non plus. C'est en travaillant que l'on est arrivé à la conclusion qu'il fallait respecter ce qu'on appelait « les droits acquis de la communauté anglophone du Québec ». Des droits acquis qui ne sont pas juridiquement reconnus, mais qui font partie de la tradition politique du Québec. Des parents ayant fait leurs études primaires dans une école anglaise au Québec ont acquis le droit d'inscrire leurs enfants à l'école anglaise s'ils le désirent. Ce droit distinguerait la communauté anglophone québécoise des nouveaux arrivants. C'est finalement le critère de l'éducation des parents qui remplacerait les tests linguistiques.

Quand on a pensé à cela, j'ai demandé à André Beaudoin, de notre équipe, de faire un tour des commissions scolaires protestantes et catholiques pour savoir dans quel état étaient nos archives scolaires. La réponse est rapidement venue : oui, nos commissions scolaires ont gardé les archives de tous leurs anciens élèves. Ce qui m'a beaucoup rassuré. Les parents pourraient prouver qu'ils avaient fréquenté l'école anglaise telle année et en tel endroit. C'était un critère objectif. C'est sur cette base-là qu'on a pu établir que n'étaient admissibles à l'école anglaise que les enfants dont les parents avaient fait leurs études en anglais au Québec. Par la suite, le tribunal a élargi ce privilège à tout le Canada mais, dans la première version de la loi 101, c'était au Québec seulement. La loi 101 m'apparaît encore aujourd'hui comme l'accomplissement le plus important du Parti québécois, et probablement du mouvement indépendantiste. D'ailleurs, au moment où la Charte de la langue française a été sanctionnée, en août 1977, on a assisté à de grandes manifestations de joie dans les rues de Montréal. On entend maintenant dire que c'est cette loi qui, du même coup, a tué le projet indépendantiste, en particulier chez la jeune génération, qui n'a pas connu les crises, les luttes linguistiques : la loi 101 est devenue comme trop rassurante sur l'avenir du Québec ; elle a remplacé le projet d'indépendance. Je suis loin de partager cette idée, mais c'est là une opinion qu'on entend souvent.

Ce sur quoi je veux insister ici, c'est le fait que mon adhésion et ma participation au mouvement indépendantiste étaient dans la suite de ce que j'avais connu du mouvement nationaliste canadien-français. Mais nous vivons à ce sujet une contradiction historique. D'un côté, le mouvement indépendantiste a tourné le dos au nationalisme canadien-français, il l'a rejeté pour le remplacer par l'idée de l'indépendance du Québec, et pour développer cette idée d'indépendance, c'était nécessaire. L'adjectif « canadien-français » symbolisait notre statut minoritaire dans un Canada multiculturel, un pays où la minorité canadienne-française a été ramenée en 1971 au rang de toutes les autres minorités. Cette prise de conscience a fortement contribué à ce que je devienne indépendantiste. Par ailleurs, il ne faut pas oublier que, sans tout ce que le nationalisme canadien-français avait fait auparavant, le mouvement indépendantiste n'aurait pas trouvé de racines au Québec. Ses racines, il les puise dans l'héritage du nationalisme canadien-français. Et je suis certain que ma démarche personnelle correspond à celle de beaucoup de mes contemporains. Au fond, l'idée de l'indépendance du Québec a presque immédiatement suivi celle de l'indépendance du Canada. Elle est un peu comme la deuxième phase d'un même processus. Autant il était nécessaire que le Canada devienne indépendant de l'Empire britannique, autant il nous est apparu nécessaire que le Québec devienne indépendant du Canada.

■ *Ne pourrait-on pas dire que le mouvement nationaliste d'avant la Révolution tranquille travaillait à la survie du Canada français, alimenté par la crainte de sa minorisation à l'intérieur du Canada, alors qu'à partir du moment où le projet indépendantiste s'est consolidé, il a pu se tourner vers les autres, inclure tous les habitants qui vivent au Québec ? Dans ce sens-là, ce n'est pas nier ses racines historiques que de dire que le projet s'élargit.*

Vous décrivez bien une importante évolution du mouvement indépendantiste. À ses origines, le mouvement indépendantiste était canadien-français. Quand on disait « Québécois », au début des années 1960, on voulait dire « Canadien français ». Si bien que, quand le Parti québécois a pris le nom de Parti québécois, des amis me disaient : « C'est une grave erreur que vous faites là, c'est un parti de Canadiens français que vous êtes en train de fonder, un parti ethnique. » Je leur répondais : « Attention, "Québécois" ne veut plus dire ça. » Il faut cependant reconnaître que cette évolution de la notion de Québécois, ainsi que celle du projet indépendantiste, elle s'est faite progressivement, et certains y adhéraient plus vite que d'autres. Je me souviens de ce collègue de l'Université McGill dont j'avais écrit un jour qu'il était un collègue québécois. Il avait communiqué avec moi pour objecter : « Guy, tu as fait une erreur, je ne suis pas québécois, je viens de l'Ontario, je suis né en Ontario. » Je lui ai dit : « Tu es ici depuis plusieurs années. Moi, je te considère comme Québécois »… « Ah oui ? Je pensais qu'un Québécois était un Canadien français. » On voit maintenant des représentants des communautés culturelles adhérer au projet indépendantiste, soit à travers le Bloc québécois, soit à travers le Parti québécois, ou les deux. L'idée d'indépendance, il est urgent qu'elle fasse des percées dans les communautés culturelles. C'est essentiel. L'avenir est de ce côté-là. Gérald Godin avait compris ça quand il travaillait avec les communautés grecques. Il leur parlait en grec. Quand le Parti québécois est arrivé au pouvoir, il n'était pas composé que de francophones. Il y avait des indépendantistes de langue anglaise : Robert Dean, David Paine, David Levine. Mais ils étaient encore très minoritaires dans le parti. Les communautés culturelles y feraient leur entrée plus tard.

En Europe, le nationalisme a évidemment mauvaise presse, et on comprend bien pourquoi. Le nationalisme européen a été un nationalisme guerrier. C'était celui d'États-nations : le nationalisme de la France, de l'Allemagne, de l'Italie, de l'Angleterre… Il définissait l'État, et s'exprimait donc de façon agressive, persuasive. Les pays européens, surtout au XIXe siècle et au début du XXe siècle, vivaient dans une lutte de domination les uns sur les autres. La vive concurrence économique et politique entre l'Allemagne et la France, et entre l'Angleterre et la France, étaient séculaires. Elle a été à l'origine d'une longue succession de guerres terribles meurtrières. Dans l'esprit des Européens, dès que le mot nationalisme apparaît, il détruit l'image de ce que doit être une Europe pacifique. C'est difficile de leur faire comprendre que ce n'est pas le cas du nationalisme canadien-français, qui était d'abord celui d'une minorité, qu'il n'était pas du tout guerrier, mais qu'il exprimait au contraire une idée de survivance ; il est difficile de leur expliquer le cas de cette minorité dans un vaste ensemble anglo-saxon qui, pour se réaliser, a espéré l'émergence d'un Canada où elle aurait sa place, avant d'en venir au projet de se réaliser plutôt dans un Québec indépendant. Dans les années 1960 et 1970, il y a eu, évidemment, un grand courant en faveur de l'indépendance dans divers pays, un mouvement de libération des peuples qui s'est manifesté surtout dans les pays en voie de développement, particulièrement en Afrique. L'idée de l'indépendance du Québec a profité, à ce moment-là, de ce courant de sympathie en faveur de la décolonisation.

■ *Et, par association, on était en faveur de la décolonisation du Québec dans l'ensemble nord-américain, et plus particulièrement dans l'ensemble canadien. Le Québec était donc considéré comme une colonie interne ?*

Exactement, nous étions colonisés. Nous avions une mentalité de colonisés. Nous avions des comportements de colonisés. Nous étions des « nègres blancs », comme l'a écrit Pierre Vallières pendant son séjour dans une prison états-unienne. Cette représentation de nous n'était pas sans fondement. Mais nous ne sommes pas les seuls au monde à espérer l'indépendance nationale. Il reste en Europe des minorités qui continuent à penser à l'indépendance. Il y a des mouvements indépendantistes en Écosse, en Irlande, en Catalogne, dans le Pays basque, dans l'ancienne Yougoslavie. Il y a là des mouvements qui cherchent leur voie, soit à travers l'autonomie, une plus grande autonomie comme en Catalogne, soit en espérant accéder un jour à l'indépendance politique, comme en Écosse, dans le Pays basque.

Le projet indépendantiste continue à nous diviser entre Québécois. Nous sommes toujours divisés, pas tout à fait moitié-moitié, mais presque. J'ai un collègue qui, lorsqu'il rencontre des Canadiens anglais, leur dit : « Lorsque vous rencontrez un Québécois, vous avez une chance sur deux de rencontrer un indépendantiste. » C'est un projet qui reste toujours plafonné, qui n'a pas réussi à traverser une certaine barre des 49 %. Pourquoi ? Je pense que l'espoir d'un Québec autonome au sein du Canada, même s'il demeure très illusoire à mes yeux, jouit encore d'un attrait pour une partie de la population québécoise. Ne pas briser le Canada, avec l'espoir qu'on y aurait une autonomie plus grande que celle qu'on nous accorde présentement. Je dis que c'est illusoire parce que, il y a bien longtemps, la preuve a été faite que le reste du Canada ne l'accepte pas. On ne s'en va pas vers une plus grande acceptation d'un Québec autonome. Au contraire, démographiquement et politiquement, le Québec perd lentement son pouvoir. Avec la retouche de la carte électorale et le réaménagement de la députation à Ottawa, le Québec se minorise de plus en plus à l'intérieur du pays. Étant donné le mouvement migratoire à l'intérieur du Canada et le taux de natalité, c'est un mouvement irréversible. C'est ce qui me convainc plus que jamais que ce n'est pas à l'intérieur du Canada que le Québec a son avenir. Je reste persuadé que la solution la plus logique et la plus réaliste, c'est celle de l'indépendance du Québec. Si le Québec ne devient pas indépendant, il est appelé à être une province de plus en plus démographiquement et politiquement petite dans un Canada de plus en plus grand.

■ *Mais on entend souvent que le Québec a réussi à remonter la pente et à s'affirmer non seulement dans l'ensemble canadien, mais sur la scène internationale — qu'on pense aux succès de certaines grandes entreprises, au bouillonnement culturel, à l'affirmation politique — de telle sorte que l'idée de l'indépendance paraît un peu obsolète. Que répondez-vous à ça ?*

Tout ce que vous dites est vrai, mais on peut le voir dans un autre sens. Ça mène aussi au constat qu'on est plus prêt à faire l'indépendance qu'on ne l'était en 1960 ou en 1970. Je le vois de cette manière-là. Je sais bien que le mouvement indépendantiste perd une certaine force à cause de son propre succès. Mais je trouve que c'est vicieux, comme point de vue, parce que c'est justement sur la base de ce succès qu'on peut maintenant dire que nous sommes en mesure d'être une nation indépendante. Autre réponse à cette objection : je vois plus de chance que la place du Québec soit reconnue sur la scène internationale et que le bouillonnement dont vous parlez se poursuive dans un Québec souverain que dans un Québec intégré au Canada et soumis toujours davantage aux intérêts d'un Canada centralisateur. Il est en effet évident que nous nous affirmons toujours de moins en moins dans l'ensemble canadien.

La fragilité du destin québécois dans l'ensemble canadien m'apparaît particulièrement visible dans le sort fait à notre législation linguistique. C'est vrai que la loi 101 survit, mais elle est constamment contestée devant les tribunaux canadiens : nous n'en finissons plus de revenir devant la Cour suprême du Canada, de qui nous dépendons toujours. On ne cessera d'invoquer la lettre et l'esprit de la Charte des droits et libertés du Québec. Or il y a ici un problème de taille, c'est le conflit entre l'esprit individualiste des chartes des droits de la personne et l'intention collectiviste de la loi 101. Les chartes protègent les droits individuels, la loi 101 se propose d'assurer le destin de la majorité francophone. Les juristes et les tribunaux ne connaissent que les droits individuels ; ils ont beaucoup de difficulté à intégrer des droits collectifs dans leur mode de pensée. D'où la difficulté de plaider la loi 101 devant les tribunaux canadiens.

Quand nous avons travaillé à l'élaboration de la Charte de la langue française en 1976 et en 1977, nous avions constamment à l'esprit la Charte des droits et libertés québécoise, qui datait de 1975. Cette Charte des droits était l'héritage du gouvernement précédent, et nous ne pouvions pas l'ignorer. Il nous fallait être certain que, juridiquement, ce que nous avancions était conforme avec ses exigences. Mais à cet égard je me méfie beaucoup des institutions judiciaires fédérales, la Cour d'appel et la Cour suprême, parce qu'il y a toujours des plaideurs qui continuent à croire qu'ils pourront un jour affaiblir encore davantage la loi 101. Ce que nous avons acquis n'est pas irréversible. D'ailleurs, on en a eu la preuve : la Cour suprême a, à plusieurs reprises, touché à la loi 101, jamais pour la renforcer, toujours pour l'écorcher.

Il faut dire aussi que l'application de la loi 101 est loin d'être terminée, surtout en ce qui concerne la francisation du milieu de travail. Il y a encore des gains à faire dans les grandes entreprises. Tous les milieux de travail régis par la législation fédérale — ils sont nombreux — échappent à l'application de la loi 101, ce qui est inacceptable. Et puis nous n'avons pas voulu que la loi 101 s'applique aux petites et moyennes entreprises, étant donné les exigences financières que la francisation pouvait présenter. Il en résulte que la francisation des nouveaux arrivants est gravement handicapée car la plupart vont travailler dans de telles entreprises, où l'anglais demeure souvent la langue de communication. À mon sens, la problématique de la francisation, non pas des enfants mais des adultes, est liée au fait qu'à leurs yeux le Québec continue à être une province du Canada. Ils sont venus au Canada pour être citoyens du Canada, ils ont fait serment d'allégeance à la reine du Canada, etc. La francisation du Québec est beaucoup plus fragile qu'elle en a l'air. Il n'est pas impossible qu'une nouvelle crise linguistique surgisse. Je crois qu'un feu couve sous la cendre, une braise qui est loin d'être morte. Peut-être qu'un jour nous allons prendre conscience de la fragilité, de l'incertitude de l'avenir culturel et linguistique du Québec. Il y a encore loin de la coupe aux lèvres.

■ *Il y a un dernier aspect que j'aimerais aborder avec vous. Je sais que vous y avez beaucoup réfléchi, et il n'en a pas été question jusqu'à présent. Un des arguments qui sont souvent invoqués au Canada anglais a trait à la place réservée aux autochtones dans un Québec indépendant. Cela est souvent vu comme un empêchement insurmontable. Si on reconnaît finalement le droit aux Québécois de disposer d'eux-mêmes, on devrait en faire de même pour les peuples autochtones établis au Québec et leur laisser la possibilité de demeurer à l'intérieur du Canada s'ils choisissent cette option. De quelle manière, à vos yeux, le projet québécois d'indépendance est-il compatible avec une certaine forme de libération nationale pour les autochtones ?*

C'est assurément un grand problème qui a surgi au cours des dernières années avec la nouvelle politisation des communautés autochtones. Il est bien évident qu'il faudra réfléchir à des arrangements avec ces communautés. Il reste que le gouvernement du Québec (le gouvernement péquiste en particulier) a quand même été un des gouvernements au Canada qui ont le plus reconnu des droits aux autochtones. Monsieur Lévesque, à cet égard, était prêt à aller loin. Le Québec indépendant pourrait négocier avec les communautés autochtones différentes formes d'ententes portant sur la reconnaissance d'un partage des pouvoirs avec eux, comme ils le demandent d'ailleurs. Dans l'ensemble, le Canada n'est pas un grand modèle de bonnes relations avec les Amérindiens ni de reconnaissance de leurs revendications. Les politiques canadiennes sont loin d'être exemplaires. Je me dis qu'on serait en mesure de proposer quelque chose qui soit plus favorable à leur juste sentiment national. Je n'ai pas de solution précise pour le moment. Je pense que, si quelqu'un en avait eu une, il mériterait un prix Nobel, parce que c'est certainement complexe. Nous héritons d'un long passé de spoliation des Amérindiens et d'indifférence à leur sort. Ils font des réclamations autant au fédéral qu'au Québec, et dans d'autres provinces aussi, d'ailleurs. Là-dessus, je dirais que nous n'avons peut-être pas assez préparé le terrain. Il est évident que le mouvement indépendantiste doit inclure dans sa réflexion la préparation d'un projet de participation autochtone à un Québec indépendant.

Chapitre 2

LE CHANGEMENT SOCIAL
ET LES RÉFORMES

■ *Vous avez beaucoup travaillé sur les dimensions théoriques des réformes, essayé de les distinguer des révolutions, qui ont fait l'objet de nombreux travaux en sciences sociales. On a beaucoup étudié l'origine des révolutions, des contre-révolutions, ce que les révolutions ont produit comme changement social. Vous avez remarqué dans vos travaux que peu de choses ont été écrites sur le thème des réformes, qui apparaissent comme trop conservatrices, trop lentes, pas assez dynamiques. Pourquoi, lorsque nous nous intéressons au changement social, devrions-nous accorder autant d'importance à la question des réformes qu'à celle des révolutions ?*

Je donnerais à cela deux ou trois raisons. La première, c'est que nous vivons dans une période historique, en Occident, où il n'y a pas eu d'importantes révolutions. La dernière, bien sûr, c'est la révolution bolchevique de 1917. Les dernières révolutions dont on a parlé se sont produites dans le monde socialiste (en Pologne, en Roumanie, en Allemagne, en Hongrie), mais il n'y a pas eu de grandes révolutions dans les sociétés occidentales, comme celles du XVIIIe siècle en France et aux États-Unis. Cela veut dire que les changements planifiés se sont faits davantage par des réformes que par des révolutions, depuis un siècle environ. Pourquoi ? Une condition essentielle des révolutions, c'est que l'État soit assez faible pour que la révolution se produise. Je dirais qu'il s'agit là des dernières interprétations des révolutions par les historiens. En général, les révolutions ont pu se produire parce que l'État faiblissait, n'était plus en mesure de résoudre les problèmes ni d'assurer le contrôle. Dans les sociétés occidentales d'aujourd'hui, nous vivons avec des États qui sont relativement forts, qui sont établis et dont la légitimité n'est généralement pas contestée. Et cela, parce que ce sont des États de droit, basés sur la rationalité juridique, rationalité qui s'inscrit dans une constitution, dans un mode parlementaire et dans une certaine participation de la population au fait politique. Ce genre d'État de droit se prête à des réformes plutôt qu'à des révolutions.

■ *Mais les révolutions sont généralement des mouvements de masse, qui viennent de la base d'une société, et sont le fruit d'une insatisfaction profonde créée par des inégalités sociales, inégalités qu'on constate dans nos sociétés.*

Oui, mais à la condition que l'État soit faible. C'est l'explication « scientifique » qu'on apporte maintenant à la lumière des dernières études sur les facteurs favorables aux révolutions passées. La faiblesse de l'État fait que des mouvements sociaux peuvent prendre forme, s'organiser, et renverser le gouvernement. Ce qui caractérise une révolution, à la différence de la réforme, c'est évidemment son illégitimité. Une révolution est toujours faite d'abord par des groupements, des forces qui ne sont pas légitimes selon la loi existante, mais qui vont le devenir par la suite si elle réussit.

■ *Les principaux vecteurs de changement social aujourd'hui*
viennent-ils de réformes planifiées ou de mouvements sociaux ?
Les principales réformes que le monde occidental a connues au
cours du XXᵉ siècle étaient-elles le fruit d'un État fort et qui a fait
accepter par la population les changements proposés ?

Je vois la réforme comme une réalité très diversifiée. Certaines
réformes viennent d'en haut, sont faites, planifiées, mises en
place par l'État, et l'État essaie de les réaliser. Mais ce n'est
qu'un des types de réforme que nous connaissons dans nos
sociétés démocratiques. Vous parlez des mouvements sociaux.
D'abord, les mouvements sociaux peuvent eux-mêmes
engendrer des réformes qui partent « d'en bas ». Ce peut être
de très petits groupes d'abord, comme on l'a vu dans certaines
réformes de la santé. De petits groupes de médecins vont
développer de nouvelles façons d'agir, de nouvelles façons
de pratiquer la médecine, et engendrer ainsi un mouvement
de réforme qui va finir par se diffuser. Tout comme il y a des
réformes qui sont locales. Une université, un syndicat, une
entreprise peut entreprendre sa réforme. Ce qui fait, à mon
avis, pour un sociologue, la richesse des recherches que l'on
peut mener sur les réformes, c'est leur multiplicité dans les
sociétés démocratiques d'aujourd'hui. Elles se produisent à
différents paliers de la réalité sociale et ont des ampleurs très
variées. On peut faire une réforme du système d'enseignement qui s'adresse à l'ensemble de la société. Mais un gouvernement peut décider de réformer sa fonction publique, ou
encore quelques universités, ce qui est beaucoup plus limité.
Les universités décident elles-mêmes de se réformer. Si bien
qu'on peut faire une étude sociologique des réformes dans les
organisations bureaucratiques privées aussi bien que dans et
par l'État. Qu'elle se présente sous une forme ou sous une
autre, qu'elle soit initiée par le pouvoir ou par le peuple, qu'elle
soit locale ou nationale, ce qui pour moi est important, c'est

que la réforme est liée à ce que j'appelle « le » politique, et non pas « la » politique. J'appelle « le » politique tous les lieux où se prennent des décisions concernant des intérêts communs pour une communauté particulière. Que ce soit une communauté nationale, estudiantine, syndicale ou municipale. Les réformes sont liées au politique dans ce sens-là, c'est-à-dire que, finalement, c'est toujours un ensemble de démarches qui finissent par s'adresser au politique, à ce lieu qui est le lieu de prise de décisions collectif. À cause de cela, la sociologie des réformes rejoint la sociologie politique, mais une sociologie politique entendue dans un sens très large, et non pas seulement la sociologie de « la » politique.

■ *De quelle manière la sociologie s'est-elle intéressée aux réformes ?*

Elle ne s'y est pas vraiment intéressée. Tout d'abord, comme vous l'avez dit tout à l'heure, une certaine attitude idéologique a influencé la sociologie. C'est une attitude négative à l'endroit du réformisme. Sous l'influence du marxisme, sous l'influence aussi des historiens des révolutions, et d'une certaine vision du changement global à travers les phénomènes révolutionnaires, les sociologues ont été plutôt portés à s'attacher aux grands mouvements de changement apportés par les révolutions, et à croire qu'il y en aura d'autres. Dans leur esprit, les réformes venaient couper l'herbe sous le pied des projets révolutionnaires, elles étaient contre-révolutionnaires. C'est là une première raison. Mais il y en a une deuxième. Je pense que la sociologie n'a pas été assez attentive à la sociologie politique. Pour s'intéresser aux réformes, il fallait s'intéresser à l'État d'abord, parce que l'État est un des lieux où aboutissent bien des réformes. Et les sociologues ont eu tendance à abandonner la sociologie politique aux politologues. Et il y a une troisième raison. Je crois que, pour s'intéresser aux réformes, il faut s'intéresser au droit, et ce n'est pas le cas des sociologues. À la différence des révolutions, les réformes utilisent, mobilisent le droit.

■ *Et donc, si les réformistes avaient mauvaise presse, c'est que les réformes, surtout celles qui viennent « du haut », sont perçues comme proposant des ajustements rarement radicaux de manière ponctuelle, de telle sorte que les régimes ne sont pas profondément déstabilisés. Être réformiste, c'est être conservateur, vouloir maintenir le statu quo, améliorer l'ordre établi, etc.*

Exactement. Les réformes faisaient perdre de vue l'urgence des grands changements, pensait-on. Je crois que cette idée n'a pas été complètement oubliée, au contraire. Le fait que la réforme soit associée au droit contribue à alimenter l'idée qu'elle soutient l'ordre établi, dans la mesure où les sociologues ont une fausse idée du droit ; ils estiment que le droit retarde toujours sur la réalité, selon la formule établie, ce qui est loin d'être vrai. Les réformes impliquent toujours que de nouvelles normes vont remplacer les anciennes. Dans toute réforme, on observe une mobilisation de normes, et donc une mobilisation de différentes formes de droit, que ce soit le droit positif établi et assuré par l'État, ou les formes de systèmes juridiques qui appartiennent aux institutions, aux organisations bureaucratiques, aux mouvements sociaux.

■ *Les réformes s'opposent donc au changement radical. Il y a un élément de progressivité dans la réforme, qui consiste à peaufiner, à améliorer.*

Encore là, je dirais qu'il y a des gradations dans cette affirmation. Car il y a des réformes plus radicales que d'autres.

Quand, dans les années 1960, on a fait la réforme du système d'enseignement au Québec, on a fait une réforme si radicale que, par métaphore, on l'appelle une révolution. Ce n'en est pas vraiment une, mais c'est une réforme qui a été très importante : au lieu de travailler à partir de ce qui était établi, on a entrepris des changements très importants. Je dirais que c'est un peu la même chose avec la législation linguistique au Québec, qui a changé radicalement. Je ne ferai pas d'affirmations générales sur la radicalité des réformes. Chaque réforme est un cas. Personnellement, je crois beaucoup à l'étude de cas dans l'analyse sociologique. Le phénomène des réformes est tellement multiple. Ce qui n'empêche pas qu'on peut en dégager un modèle général et universel, en déterminer quelques grandes lignes, quelques grands traits. On peut et doit s'efforcer de théoriser. J'ai moi-même essayé de théoriser ce phénomène de la réforme pour en dégager ce que Max Weber aurait appelé un « type pur », un « type idéal », si pur qu'on ne le trouve pas dans la réalité. Mais un type est très utile pour comparer les différentes réformes empiriques.

▓ *Si on avait à définir les principales caractéristiques de la réforme, quelles seraient-elles ?*

La première caractéristique d'une réforme, c'est que c'est un changement planifié. C'est ce qui différencie la réforme du changement diffus que l'on peut couramment observer dans la société, et dont on n'est jamais capable de savoir d'où il vient. Tout à coup, on se rend compte que les choses ont changé. En général, on est perplexe devant ce type de changement, il est énigmatique. Alors que, une réforme étant planifiée, l'observateur, le chercheur est capable d'en remonter la chaîne depuis le moment où l'idée est apparue et tout au long de son développement. C'est une de ses caractéristiques. Et une réforme est planifiée d'après un projet. Ce projet initial peut être plus ou moins clair, plus ou moins précis, et surtout il se développe souvent avec le temps, il se modifie avec la réforme elle-même.

Une deuxième caractéristique de la réforme est que l'on peut construire une certaine typologie des différents acteurs qui la font. Il y a des concepteurs, ceux qui ont la première idée, ceux qui formulent la première critique d'une situation donnée pour enclencher un mouvement de changement inspiré d'un projet. Ensuite, il y a ceux qui vont, après cela, modéliser le projet, c'est-à-dire s'employer à formuler de manière plus précise de nouvelles règles, de nouvelles normes. Et puis il y a ceux qui vont progressivement les faire passer dans la réalité à travers différentes étapes. Dans les recherches que j'ai faites avec des collègues et des étudiants, nous avons identifié la chaîne des acteurs et la séquence de leurs interventions. À quelque niveau de la réalité sociale qu'elle se produise, une réforme nous offre toujours ainsi le spectacle d'une chaîne d'actions, d'interventions progressives.

Justement, une autre caractéristique de la réforme est qu'elle opère sur une période de temps plus ou moins longue. Alors qu'on identifie souvent les dates d'une révolution, une réforme se produit sur plusieurs années, parfois sur des décennies. Un autre aspect de la réforme est qu'elle engendre souvent sa propre réforme. La réforme engendrée par la réforme fait partie de la chaîne des réformes. Ainsi, nous pouvons dire qu'au Québec, depuis le début des années 1960, nous avons vécu une chaîne de réformes du système de santé et du système d'éducation. Si bien qu'on en est venu à vivre dans une sorte de réforme permanente, c'est-à-dire de réformes qui réforment la précédente réforme.

▉ *Nous sommes donc dans une phase de changements planifiés perpétuels. Il y a des insatisfactions, on tente d'analyser ce qui*

pourrait être fait, et de nouveaux changements sont proposés.
Peut-on identifier un début et une fin à ce processus de réforme ?
Qu'est-ce qui nous permet de dire que nous sommes dans une
réforme, et non pas dans des ajustements continuels ?

Ce qui me permet de dire que nous sommes dans une réforme, c'est la chaîne des acteurs. Il y a des ajustements dans des réformes, mais à un moment donné, une nouvelle réforme s'engage. C'est la chaîne des acteurs qui nous permet de dire : voilà, il y a un nouveau projet dans la réforme qui était déjà enclenchée. On peut identifier les concepteurs de ce nouveau projet. On peut identifier le groupe de fonctionnaires dans la fonction publique, le ministre, ou le mouvement social à l'origine d'une nouvelle réforme. Je vois la réforme comme un processus qui a des étapes. Évidemment, je dirais aussi que l'observateur peut décider lui-même qu'on est devant le début d'une nouvelle réforme.

■ *Une réforme produit des tensions. Parmi les acteurs il y a aussi, comme vous le souligniez dans un texte, des opposants, des gens qui refusent le changement ou qui jugent que les changements proposés ne sont pas adéquats. Il y a des rapports de pouvoir qui s'installent. Si la réforme porte un projet, celui-ci doit bénéficier à certains individus, à certains groupes sociaux, et donc forcément en désavantager d'autres. En mettant l'accent sur la réforme plutôt que sur les mouvements d'opposition qu'elle engendre, l'analyste ne risque-t-il pas d'avoir, dès le départ, un regard biaisé ?*

Il faut toujours voir qui sont les opposants. C'est souvent très important, parce qu'il y a des opposants conservateurs, mais aussi des opposants insatisfaits de l'ampleur d'une réforme et qui vont la juger conservatrice. J'essaie d'éviter, quant à moi, mes propres jugements de valeur pendant que j'étudie des réformes. Bien sûr, je peux dire : j'aime ou je n'aime pas telle ou telle réforme. Mais quand je les étudie, elles sont pour moi un fait. Et, devant ce fait, j'essaie de m'imposer toute l'objectivité possible. Pour cela, je dois tenir compte de tous les acteurs, ceux qui croient en la réforme et ceux qui n'y croient pas, ceux qui essaient de la réaliser et ceux qui s'y opposent, et cela en étant attentif aux raisons qu'ils donnent, à leurs motivations. Parce qu'une réforme implique plusieurs motifs. Il y a les motifs de ceux qui la conçoivent, et puis il y a ceux des gens qui essaient de la mettre en pratique. Et ce ne sont pas nécessairement les mêmes. Les motifs, par exemple, des médecins qui acceptent qu'une réforme se produise dans le monde hospitalier ne sont pas nécessairement les mêmes que ceux des fonctionnaires du ministère de la Santé qui ont pensé une réforme, qui essaient de la réaliser, qui essaient de créer des normes. Il y a souvent des écarts et des tensions très importantes entre la rationalité des concepteurs et la rationalité de ceux qui s'emploient à réaliser une réforme. Et puis il y a les motifs de ceux qui s'y opposent. Des acteurs peuvent trouver que la réforme ne va pas assez loin, ou qu'elle va trop loin, ou qu'elle ne correspond pas à la solution des problèmes pour lesquels on l'a entreprise. Ces points de vue comportent évidemment la défense ou promotion d'intérêts, d'intérêts matériels et d'intérêts que l'on pourrait qualifier d'idéels, c'est-à-dire des intérêts idéologiques, moraux, spirituels, tout autant que des intérêts financiers, économiques, professionnels ou techniques. Je peux encore ajouter que, dans bien des réformes, les intérêts professionnels sont importants. L'intérêt du chercheur de laboratoire, par exemple, est un intérêt très particulier, différent de l'intérêt de l'ingénieur, du médecin, du praticien. Les intérêts professionnels sont souvent étonnants.

■ *Étonnants dans quel sens ?*

En ce sens que la réforme va être jugée à l'aune de ces intérêts professionnels, et qu'ils sont extrêmement divergents d'un acteur à l'autre. Les réformes, dans les milieux très professionnalisés, touchent des intérêts professionnels de natures variées. C'est une forme de corporatisme dans le sens où ce sont des intérêts proprement professionnels qui sont en jeu. Mais il n'y a pas seulement que des intérêts corporatifs. Il y a des intérêts intellectuels. Dans les laboratoires, les chercheurs sont engagés dans un travail scientifique pour arriver à résoudre des problèmes. Devant des réformes qui vont ou nuire ou favoriser ce travail, ils vont réagir selon des intérêts que j'appelle idéels. Ceux-ci ne sont pas nécessairement convergents avec les intérêts scientifiques.

■ *Qu'est-ce qu'un intérêt idéel ? La représentation du « bien » ?*

En l'occurrence, la représentation de la vérité scientifique. Quand on est dans un laboratoire, on cherche à résoudre une énigme scientifique. Je dirais que c'est purement la recherche de la solution d'un problème intellectuel, d'un problème de recherche. Lorsqu'on a affaire à une réforme qui touche les laboratoires, on est toujours étonné de cette rationalité trop souvent négligée, qui n'est pas du tout corporatiste.

■ *Mais, dans le domaine social, la rationalité scientifique est plus difficile à mesurer, à comprendre. Par exemple, récemment, quand on a timidement entrepris une réforme de l'État, pour s'ajuster à la réalité contemporaine, disait-on, on a mis de l'avant des motifs d'abord et avant tout idéologiques. Parce qu'on croit moins en la valeur de l'interventionnisme étatique, on met de l'avant une cer-*

taine vision préconçue du rôle que doit jouer le secteur privé. Dans ce type de réforme, il est difficile d'identifier une rationalité scientifique. En fait, peut-on porter, comme chercheur et observateur, un regard neutre sur les changements et les réformes, et surtout sur les idéologies qui les portent ?

La question de la neutralité du chercheur est très intéressante. Si je m'intéresse aux réformes, ce n'est pas d'une manière neutre. C'est parce qu'au fond de moi je crois que les réformes sont nécessaires dans une société, qu'il y a eu des réformes positives. Et puis, il y a des réformes avec lesquelles je suis d'accord et d'autres que je serais prêt à dénoncer. Au départ, j'ai donc personnellement des jugements de valeur. Cela dit, une fois que je m'engage dans l'analyse de la réforme, j'essaie d'être le plus neutre et objectif possible, de mettre de côté mon jugement de départ. Et, quand j'arrive au terme de l'analyse, aux effets d'une réforme, je retrouve mes jugements de valeur, je redeviens un évaluateur, et non plus un scientifique. Je deviens normatif, je peux apprécier les effets positifs ou négatifs d'une réforme. Je peux trouver que, par exemple, une réforme d'abord jugée bien engagée finit par donner des résultats négatifs. Donc, bien sûr, dans les jugements que je pose sur les effets d'une réforme, je ne veux pas être neutre. Du moment que la sociologie s'intéresse au vaste domaine du changement social, le sociologue est en état de tension permanent entre son objectivité et ses valeurs. Le changement social appelle toujours de notre part, comme citoyen, que ce soit dans notre pays ou ailleurs, un jugement intérieur sur ses motivations, ses effets, ses suites, ses conséquences.

■ *Mais, lorsque l'on s'intéresse au changement social, ne postule-t-on pas au départ que le changement est bon ? Par exemple, en 1970, vous avez rédigé un article dans lequel vous avanciez que le changement était devenu le sujet d'une nouvelle morale. Ce qui est immuable n'est pas désirable. Ce qui est immuable est perçu comme une faiblesse. On souhaite le changement pour le changement. Une chose, pour être bonne, écriviez-vous, doit être naturellement changeante. Cette façon de penser postule que le changement produit nécessairement de bons résultats. N'oublie-t-on pas de regarder ce qui ne change pas dans une société et les raisons pour lesquelles un certain nombre de choses n'évoluent que très lentement ?*

Quand on étudie les réformes, quelles qu'elles soient, on fait un choix dans l'objet de recherche, on décide d'étudier le changement. Le reste existe néanmoins dans l'esprit du chercheur ; cela ne nie pas qu'il y ait des choses qui ne changent pas. Dans le cas concret d'une réforme, les acteurs qui la font ont en tête d'améliorer les choses. C'est toujours la justification, bien sûr. Et ceux qui s'y opposent le font parce que le changement ne sera pas bon à leurs yeux, qu'il apportera trop ou trop peu d'amélioration. Donc, lorsque j'étudie une réforme, j'étudie toujours des acteurs qui ont un préjugé sur le changement, et qui ont l'intention d'améliorer les choses. C'est à moi à ne pas adopter d'emblée leur point de vue. Je le respecte, je l'étudie, j'essaie de le comprendre autant que je cherche à comprendre ceux pour qui la réforme n'apporte pas un changement désiré. Il faut me prémunir contre l'idée que tout changement est nécessairement bon. Le problème du chercheur aujourd'hui est que nous vivons dans l'héritage de l'évolutionnisme, d'un certain darwinisme social mal compris, qui présume que le changement est toujours une amélioration. Or, le sociologue doit rester prudent devant cette idéologie du changement, la regarder comme une idéologie courante, sans la partager à tout prix. On sait très bien que le changement n'est pas nécessairement une amélioration en tout.

Il y a des changements qui coûtent cher à la société, à l'humanité. Il y a des réformes qui sont mal pensées, mal faites, mal réussies, coûteuses. Par exemple, une des grandes réformes que nous ayons connues est la réforme néolibérale, sur laquelle nous pouvons avoir un jugement positif ou négatif : il sera très difficile de décider lequel de nous aura raison. Depuis la première ministre Thatcher en Angleterre, depuis le président Reagan et les présidents Bush père et fils aux États-Unis, le néolibéralisme a engagé une réforme très importante dans les sociétés occidentales et dans le reste du monde. C'est la grande réforme en cours en ce moment, une réforme globale, une réforme de civilisation en quelque sorte. Je peux essayer de l'analyser en tant qu'observateur de la manière la plus neutre possible, mais je me réserve par ailleurs le droit et le devoir de l'évaluer, de la juger à ses effets. Personnellement, je considère que c'est une réforme qui engendre et multiplie des souffrances humaines au lieu de les régler, un retour en arrière au lieu d'un pas en avant. Je me sens plus en accord avec une idéologie qui prône la justice sociale qu'avec celle qui prêche la liberté du commerce. C'est cette dernière qui engendre la délocalisation des entreprises de production aux dépens des travailleurs du pays qu'elles quittent pour n'apporter souvent qu'une faible pitance à ceux des pays où elles s'en vont. Il y a là une réforme qui n'est planifiée non par l'État mais par les producteurs, par les hommes d'affaires, par les capitaux. C'est une grande réforme. En font partie la réforme du commerce, la walmartisation du monde, la mondialisation du commerce, qui s'appuie sur la délocalisation des entreprises vers les pays pauvres et vulnérables. C'est une réforme qui connaît une réussite terrible sur le marché, parce qu'elle est favorisée par les consommateurs que nous sommes plutôt que par les travailleurs un peu partout dans le monde.

■ *Il y a quelques années, il était question de macdonaldisation du monde ; maintenant, le processus s'est approfondi avec sa wal-martisation. Tout à l'heure, vous faisiez référence à une certaine forme de darwinisme social ; l'idée selon laquelle les plus forts vont absorber ou éliminer les plus faibles peut nous laisser croire qu'au bout du compte le monde va s'en porter mieux.*

Comme si « les plus forts » étaient nécessairement les meilleurs ! La preuve est loin d'en être faite ! Tout dépend de l'usage que les plus forts font de leur force : pour leur seul avantage personnel, comme c'est trop souvent le cas, ou pour le bien-être général. Et puis, comment penser qu'on assiste à l'élimination des plus faibles ? Les inégalités inhérentes à la nature — la nature en général et la nature humaine — se reproduisent et se perpétuent, en particulier sous la forme des hiérarchies toujours récurrentes et permanentes. On pourrait aller jusqu'à dire que les plus forts ont besoin des plus faibles pour savourer le fait qu'ils sont les plus forts et pour continuer à exercer leur domination sur eux.

■ *Mais, dans l'idée du progrès, il y aussi l'idée que là où nous en sommes maintenant représente un état meilleur et supérieur à celui où nous étions auparavant. C'est une forme de justification des rapports sociaux inégalitaires, dans la mesure où ceux qui se trouvent au sommet de l'échelle sociale ont fait preuve d'une plus grande initiative, d'une meilleure adaptation aux contingences auxquelles ils ont été confrontés. Ils sont donc « naturellement » plus forts.*

Vous évoquez l'idée du progrès humain, selon laquelle nous serions meilleurs que nos ancêtres, que nous leur serions supérieurs. Comment le croire ? Cette manière de voir rappelle un certain darwinisme culturel et social (auquel je crois que Darwin lui-même n'adhérerait pas), que je n'ai jamais partagé, celui qui a engendré et entretenu l'idée que l'évolution apporte toujours — ou presque — un progrès, une amélioration. C'est dans cette vision optimiste du changement qu'ont puisé tout autant l'idéologie de droite — le libéralisme conservateur — que l'idéologie de gauche — la foi en un « Grand Soir ». La Révolution industrielle a apporté certains progrès, mais notre vie actuelle est-elle bien meilleure que celle qu'ont connue nos arrière-grands-parents ? On peut défendre le point de vue que nous menons une vie plus difficile que ne fut la leur. Nous sommes victimes de ce que Max Weber a appelé la « cage d'acier », que l'on a traduit en anglais par « iron cage ». Nous sommes enfermés dans la cage d'acier de la civilisation moderne que nous avons construite, et c'est loin d'être un progrès. On peut ainsi entretenir une conception de ce que nous sommes et vivons. Je peux être assez sensible, personnellement, aux visions pessimistes et tragiques de certains philosophes sur l'humanité d'aujourd'hui, sur la civilisation moderne ou postmoderne.

■ *Ce rappel sur le darwinisme social est important, ne serait-ce que pour souligner que les réformes ne produisent pas nécessairement une amélioration. À la lumière de cela, diriez-vous que le Québec d'aujourd'hui est « meilleur » qu'il y a quatre ou cinq décennies ?*

Assurément, un certain Québec s'est amélioré. Il y a plus de justice dans l'accès à l'éducation et dans l'accès aux soins de santé qu'avant. Il y a plus de justice pour les femmes dans la société québécoise d'aujourd'hui qu'il y en avait il y a seulement cinquante ans. Donc, de ce point de vue-là, je dirais que oui, nous avons connu des réformes qui ont amélioré la situation. Par ailleurs, est-ce que notre vie quotidienne est plus heureuse que celle de nos arrière-grands-parents ? Je n'en suis pas certain. Nous vivons dans la fébrilité, dans une hâte constante, et nous subissons des insécurités qu'ils n'avaient pas, ayant perdu nos repères spirituels. Notre vie quotidienne et nos états d'âme ne se sont peut-être pas améliorés, loin de là. C'est évidemment difficile de porter un jugement d'ensemble, mais il y a certainement des zones d'amélioration et d'autres où nous pouvons nous interroger sur ce que nous avons gagné.

■ *Il a été question de la façon d'aborder, d'analyser les principales réformes. Vous avez fait une mise en garde importante sur les dangers de porter des jugements de valeur généralisés, sur les glissements qui consisteraient à évaluer toute réforme comme un progrès social. Vous avez souligné dans plusieurs textes que, au moment de la Révolution tranquille, le Québec a entrepris plusieurs réformes radicales : dans les domaines de l'éducation, de la santé, de l'électricité, de la fonction publique, dans le projet d'un Québec indépendant et dans le régime linguistique. Y a-t-il des éléments qui traversent ces réformes de manière transversale ?*

Oui, il y a certainement quelques éléments communs. Le premier, c'est le rôle de l'État québécois. Quand on dit que, dans le modèle québécois, il y a l'idée qu'il faut un État québécois fort, on se réfère justement au fait que les grandes réformes qui ont marqué les dernières décennies du XXe siècle au Québec ont été entreprises grâce à une volonté politique, celle de refaire un système d'éducation, de santé, une administration publique, etc. Le premier élément commun à ces différentes réformes, donc, c'est clairement le rôle dominant de l'État québécois. Le deuxième, c'est le rôle du droit. On ne le dit peut-être pas assez mais, dans chacune de ces réformes, le droit a été mis à profit d'une manière ou d'une autre. On a utilisé la législation pour modifier les règles, pour imposer de nouvelles structures dans tous les domaines que vous avez mentionnés. Bref, l'État a joué un rôle de premier plan, mais le législateur aussi. En ce sens, je dis souvent à mes étudiants en droit que le stéréotype qui veut que le droit retarde toujours sur la réalité est une fausseté. Les grandes réformes se sont faites parce qu'on a pu utiliser le droit. Bien sûr, ce n'est pas le droit lui-même, mais la mobilisation du droit qui a été importante. Un troisième élément commun dans toutes ces réformes, c'est le rôle des médias. Les médias ont eux-mêmes vécu des réformes en les accompagnant, et pas toujours nécessairement d'une manière positive. Mais lorsqu'on analyse toutes ces réformes que vous avez mentionnées, on voit que les médias ont été non seulement présents, mais aussi actifs, soit par le travail des éditorialistes, soit par la manière de présenter les nouvelles, par la place qu'on leur a donnée. Un quatrième élément m'apparaît dans la plupart de ces réformes : des mouvements sociaux ont été actifs pour appuyer ou pour contrer l'État. Presque toutes ces réformes ont été l'occasion d'interventions importantes de la part de différents mouvements sociaux et de groupes d'intérêt. Reprenons le cas de la réforme de l'enseignement, par exemple : elle ne s'est pas faite seulement parce que le gouvernement l'a voulu et que la commission Parent y a travaillé, mais parce qu'il y a eu des associations d'enseignants, de parents, des syndicats, des mouvements populaires qui ont mis la main à la pâte. C'est la même chose en ce qui concerne la législation sur la langue. Les mouvements sociaux et politiques ont été importants, les communautés culturelles également, et surtout le mouvement nationaliste. Il en va de même de certaines autres réformes, comme celle de la fonction publique, qui ne s'est pas faite sans que, par exemple, le syndicalisme y participe, ainsi que des groupes professionnels.

■ *Peut-on dire qu'un des traits qui traversent toutes ces réformes est le fait qu'elles étaient populaires parce que désirées, portées et expliquées par des médias ? Parmi ceux qui participent au phénomène des réformes, vous faisiez référence aux passeurs, ceux qui permettent aux réformes d'être comprises, dont les médias font partie. Les réformes étaient-elles, dans l'ensemble, bien reçues par la population ?*

Attention, elles étaient bien reçues dans certains segments de la population, mais pas dans tous. Par exemple, la réforme de l'éducation a eu ses opposants. Elle a donc été populaire dans suffisamment de secteurs de la population pour passer. C'est là un autre aspect de ces réformes : elles étaient désirées et populaires chez assez de monde ayant une certaine dose d'influence sociale pour réussir. Il ne faut pas négliger le fait que chacune de ces réformes avait aussi ses opposants. Par exemple, la réforme de l'enseignement s'est réalisée malgré les interventions de l'Association des parents catholiques, qui s'est vivement opposée aux recommandations de la commission Parent concernant le développement d'un enseignement non confessionnel. Je peux vous dire que j'ai donné, après la commission Parent, pendant deux ans, un grand nombre de conférences pour expliquer le rapport. Partout où j'allais, des représentants de l'Association des parents catholiques venaient me dire que je risquais d'être excommunié, parce que l'école catholique était un dogme de la doctrine catholique auquel on n'avait pas le droit de déroger. La législation linguistique avait aussi ses opposants. Mais vous avez raison : pour que ces réformes finissent par avoir les effets recherchés, il fallait qu'elles soient voulues et désirées par assez de gens, et portées par une opinion publique qui leur était favorable. Ce fut certainement le cas pour la Charte de la langue française qui, lorsqu'elle a été sanctionnée, en 1977, a été accueillie avec enthousiasme par une grande partie de la population québécoise bien que, par ailleurs, elle ait été considérée par d'autres comme une manière d'enfermer le Québec dans un unilinguisme inacceptable, au détriment des droits des anglophones et de tous ceux qui souhaitaient envoyer leurs enfants à l'école anglaise.

■ *Est-ce que des valeurs traversaient toutes ces réformes ? Par exemple, la réforme de l'enseignement visait l'accès du plus grand nombre à l'éducation. Même chose pour ce qui est de la réforme de la santé. Il y avait donc des injustices à corriger, et la démocratisation était à la base de plusieurs projets, non ?*

Oui, certaines valeurs étaient très importantes. Notamment la démocratisation, en effet. Et, dans la notion de démocratisation, il y avait celle de justice sociale : accès à l'enseignement pour tous et toutes, filles et garçons, quels que soient la classe sociale, la religion, le lieu de naissance, l'âge, etc. C'est aussi cette idée de justice sociale qui a inspiré la réforme des services de santé. Assurer la gratuité des services des médecins et de l'hospitalisation a été une grande avancée pour les tenants du libre accès aux soins de santé ! Tout cela faisait partie de la modernisation du Québec, qui ne pouvait plus y échapper. Les diverses réformes qui ont composé ce qu'on appela la Révolution tranquille ont été engagées et poursuivies au nom de la démocratisation et de la modernisation du Québec.

■ *Par « modernité », qu'entend-on ?*

Je dirais qu'au Québec la modernité a pris un caractère national : elle fut la conquête du Québec par et pour les Québécois. Le projet national, il a été présent dans l'inspiration des réformes, même s'il n'était pas explicite. Par exemple, la réforme de l'enseignement était fondée sur une valeur de justice, mais aussi sur une valeur nationale. J'appelle ainsi le sentiment très fort que nous avions alors que le système d'enseignement du Québec était en retard et que le peuple québécois, la nation québécoise, risquait d'être laissée pour compte dans l'évolution de l'Occident. Si on voulait industrialiser le Québec, enrichir le Québec, améliorer le bien-être des Québécois, il fallait une modernisation de ses institutions et de ses programmes d'enseignement, il fallait hausser la formation de ses enseignants à tous les niveaux. C'est ainsi que la question nationale inspirait la réforme de l'enseignement. Je dirais de même en ce qui concerne la réforme de la fonction publique et de l'État québécois. Dans les années 1960 et 1970, on insistait sur l'idée que, pour que l'État québécois soit au service de la population, il devait être efficace, mieux organisé, mieux structuré, et d'une manière qui soit plus méritocratique dans le sens positif du terme. L'État, pour jouer le rôle qu'attendait de lui la nation québécoise, avait besoin d'une fonction publique efficace. Ce fut la même chose pour la grande réforme industrielle de l'énergie hydroélectrique : elle était clairement motivée par un objectif national. D'une certaine manière, ce qu'on peut appeler la « question nationale » a souvent été l'une des motivations de grandes réformes.

■ *C'est pourquoi on parle de néonationalisme pour décrire cette période, l'État étant perçu comme un levier pour promouvoir et améliorer le statut économique et politique des Canadiens français.*

Oui, le début des années 1960 a été marqué par la découverte du rôle que l'État du Québec pouvait jouer dans notre vie nationale. C'était un nouveau rôle, beaucoup plus actif. Avant 1960, le sentiment dominant était que l'État n'était que défensif. Il protégeait les traditions, la foi et la langue des Canadiens français, il protégeait nos institutions établies. L'État, surtout sous le gouvernement de l'Union nationale de Duplessis, se donnait la fonction de protecteur de notre particularisme. Le grand virage des années 1960 fut tout autre chose. L'État ne nous protégeait plus de cette manière-là. L'État se devait de prendre en charge un bien commun que non seulement il avait la responsabilité de protéger, mais qu'il avait surtout la responsabilité de faire fructifier au profit de tous les Québécois.

■ *Lorsqu'on parle du développement de l'État québécois, on ne peut pas faire autrement que de penser à une certaine bureaucratisation, et donc au fait que les rapports sociaux sont plus régulés qu'ils ne l'étaient. On connaît le cynisme ambiant à l'endroit des bureaucrates et des bureaucraties (privées et publiques). Est-ce un paradoxe que le développement de l'État ait été nécessaire pour établir une plus grande justice sociale alors qu'il apparaît aujourd'hui comme un appareil déshumanisé ?*

Votre analyse est très juste. Il n'était pas possible, ici comme ailleurs, de renforcer l'État sans renforcer la bureaucratie. C'est le grand mouvement que nous voyons à travers toute l'histoire récente de l'Occident, et c'est le monde dans lequel nous vivons maintenant. Au total, ce qu'on est obligé de dire, c'est que, malgré tout, la bureaucratie demeure le moyen le plus efficace de faire fonctionner une grosse entreprise, étatique ou privée : un personnel dont les fonctions sont bien précises, qui est salarié, qui n'est pas propriétaire de son poste, et un poste qui n'est pas héréditaire dans la fonction publique, selon la définition que Max Weber a développée. Max Weber a bien analysé à la fois la force, la faiblesse et les paradoxes de l'organisation bureaucratique dans le monde. C'est cette bureaucratisation d'ailleurs qui a tué les régimes socialistes, il faut bien le reconnaître. Dans les démocraties, le système électoral parlementaire cherche à établir un moins grand déséquilibre entre la population et la force étatique, à réduire la distance entre l'État et le peuple. En principe, sinon en pratique, le député fait le pont entre la population et les instances gouvernementales.

Autre facteur important : nous sommes dans une démocratie où les groupes d'intérêt et les groupes de pression se sont multipliés sous toutes les formes. L'État ne fonctionne donc plus seulement avec sa bureaucratie et l'Assemblée nationale. L'État contemporain fonctionne aussi avec les groupes de pression et les lobbyismes, qui sont constamment en action autour du gouvernement. Il suffit d'avoir vécu quelque temps à l'intérieur du gouvernement pour savoir qu'il n'y a pas un projet de loi qui ne réveille des groupes de pression. J'ai vécu quatre ans dans le gouvernement, j'ai eu l'occasion de le constater à de nombreuses reprises. Souvent, ce qui explique qu'un projet de loi avorte, c'est qu'on n'avait pas prévu qu'il allait provoquer telle réaction de la part de tels groupes de pression. À travers ces interventions, une partie de la population est représentée autrement que par son député : elle est représentée par un ordre professionnel auquel elle appartient, un syndicat, un mouvement de pression, un mouvement féministe, un mouvement de quartier. Ainsi, ce qui vient faire contrepoids à la force de la bureaucratie de l'État, que vous évoquiez avec raison, c'est la multiplication de ces groupes de pression, de ces groupes d'intérêt et des mouvements sociaux, qui font maintenant partie de la vie politique. C'est en ce sens qu'on parle maintenant d'une démocratie « contractualiste » : l'État doit négocier des « contrats », si on peut employer ce terme, des ententes avec les forces sociales de la société civile.

■ *Si on revient aux principales réformes qui ont marqué le Québec depuis la Révolution tranquille, peut-on dire que, en comparaison avec ce qui s'est fait ailleurs, le Québec constitue un cas d'exception, par la vitesse et le nombre des réformes entreprises ?*

En effet, il est difficile de trouver dans le monde d'autres exemples d'un virage aussi radical et d'un changement marqué par un tempo aussi rapide. L'intérêt du laboratoire québécois pour un observateur et pour un acteur, c'est que les choses ont changé tellement vite. Les réformes s'y sont multipliées et, comme nous le disions tout à l'heure, chacune de ces réformes a trouvé assez d'appui dans l'opinion publique pour être réalisée. Évidemment, les réformes ont connu des hauts et des bas. Elles n'ont pas suivi un mouvement linéaire. Dans la réforme du système de santé, il y a eu des impasses, des culs-de-sac, il a fallu revenir en arrière. C'est ainsi que des réformes prolongées se font. Le Québec est assurément une exception à la fois par l'ampleur des changements qu'il a connus et par l'importance des réformes dans l'histoire de ces changements.

■ *Qu'en est-il des réformes entreprises aujourd'hui ?*

Les réformes d'aujourd'hui peuvent paraître plus managériales et même plus bureaucratiques que les grandes réformes que j'appellerais nationales, où la question nationale était impliquée. Aujourd'hui, on ne peut pas dire que la question nationale occupe la même place dans les réformes, celle touchant la santé, par exemple. Faire l'histoire des réformes serait intéressant de ce point de vue-là : une certaine routinisation des réformes s'est produite. La magie des grandes réformes n'existe plus. En 1965, on pouvait annoncer que des choses merveilleuses allaient sortir du chapeau. Et on le croyait. Pour que ces réformes opèrent comme elles l'ont fait, il fallait que l'on croie à la magie du chapeau et à tout ce qui allait en sortir, ce qui n'est plus le cas aujourd'hui. Il y a maintenant un essoufflement, sinon un désenchantement vis-à-vis des réformes. Évidemment, le défi de ceux qui entreprennent des réformes aujourd'hui, c'est de retrouver le souffle national qui les inspirait et les portait dans les années 1960 ou 1970.

Les gens qui sont engagés dans la réforme néolibérale font montre de la même pensée magique. Ils croient qu'ils vont sortir du chapeau des choses merveilleuses pour la société québécoise et son avenir. Ils sont persuadés et veulent nous persuader que la modernisation du Québec va maintenant se poursuivre grâce à l'initiative privée. À leurs yeux, la modernisation du Québec est en panne parce que l'État bureaucratique est un obstacle au développement. Ce n'est pas l'idéologie que je partage, mais c'est celle qui est en ce moment dominante.

■ *Vous vous êtes intéressé à la question des élites : les experts (les « modélistes », les bureaucrates, les entrepreneurs), les élites idéologiques (les intellectuels, les journalistes, les politiciens, les étudiants, les élites ouvrières) et les élites symboliques (les artistes de la radio et de la télévision, les chanteurs populaires, etc.). Comment décrire la place occupée par ces différentes élites au Québec ?*

Vous faites référence à mon article sur les élites publié en 1968. Ce qui me frappait à ce moment-là au Québec, c'était la multiplication des groupes qui s'exprimaient sur la place publique. Une partie de la Révolution tranquille s'est faite par la prise de parole de différents milieux, et, pour qu'il y ait prise de parole, il fallait qu'il y ait des porte-parole. Je me souviens des observations que je faisais à ce moment-là. On assistait à l'émergence de nouveaux leaders qui se faisaient entendre au nom des étudiants, des ouvriers, des agriculteurs, du clergé. C'était de nouvelles formes d'élites. Non pas une élite au sens où on l'entend couramment, mais une élite au sens sociologique du terme, c'est-à-dire des leaders d'opinion, des représentants qui étaient en même temps créateurs d'opinions et porte-parole. Cette multiplication, cette prolifération de nouveaux groupements, et à leur tête de nouveaux leaders, m'avait frappé. Ces différentes élites ont été la dynamo, le moteur de l'évolution récente du Québec ; elles en ont fait l'histoire des cinquante dernières années.

■ *Y a-t-il des élites qui sont moins écoutées, moins importantes aujourd'hui ? Les élites idéologiques, dont les professeurs font partie, sont-elles encore influentes ?*

Elles le sont moins qu'elles ne l'ont été à certaines époques de l'évolution du Québec. Dans les années 1960 et 1970, les professeurs d'université étaient très présents dans les médias écrits et télédiffusés. Non seulement dans les médias, mais aussi dans les organismes gouvernementaux, dans les commissions, les comités, etc. Maintenant, ce sont nos anciens étudiants devenus journalistes qui sont commentateurs et qui nous ont remplacés. J'ai assisté à cette évolution, j'ai vu nos anciens étudiants de sociologie, d'anthropologie, de science politique, d'histoire, s'installer dans les journaux, à la radio, à la télévision, dans les mouvements sociaux, et devenir les nouveaux commentateurs et conseillers. Ce sont les nouvelles élites, un autre type d'intellectuels.

■ *Vous avez décrit les réformes comme faisant partie d'un processus quasi perpétuel. La question est naïve, mais est-il possible de réformer les réformes ? On a souvent pensé que le Québec avait développé un modèle qui lui était propre. Ce « modèle québécois » doit-il être préservé ?*

Comme l'État est à l'origine d'une partie des réformes, on constate qu'il est presque sans arrêt en train de « réformer ses réformes », comme vous le dites. Cela est souvent le cas dans une démocratie où les partis politiques se succèdent. En accédant à son tour au pouvoir, un parti politique arrive avec un programme de réformes qui, la plupart du temps, complètent ou réorientent des réformes déjà engagées ou qui se sont enlisées.

Je dois reconnaître que j'ai été un tenant du rôle actif de l'État québécois. J'y ai cru beaucoup, parce qu'il était évident que c'était la seule force sociale capable d'entreprendre les grands chantiers auxquels il fallait s'attaquer : en éducation, le monde industriel, les services de santé, la politique linguistique, etc. Et, personnellement, je continue à croire qu'au Québec nous avons besoin de garder un État fort. Je ne suis pas d'accord avec l'idéologie actuelle qui veut réduire l'État. Ça ne veut pas dire que l'État ne doive pas réviser une partie de ses engagements. Mais je suis inquiet devant le vent de privatisation qui souffle sur le Québec, parce que la privatisation n'a pas comme fonction première l'intérêt général. Par exemple, dans le domaine des communications de masse, on ne peut pas compter sur l'entreprise privée pour aller porter les communications dans les plus petites communautés, là où ça coûte le plus cher et là où c'est le moins rentable. Ce n'est que l'État, l'entreprise publique, qui assure un service égalitaire. Ce sera la même chose dans tous les domaines. Je dirais que, étant donné notre situation particulière, étant donné la marginalité de la société québécoise, par notre culture, par notre histoire, par notre langue, il faut éviter d'affaiblir l'État québécois.

■ *Nous sommes à tout le moins une petite société en Amérique du Nord.*

Petite, originale et mal comprise aussi, très mal comprise en Amérique du Nord. Ce qui fait que l'État a un rôle particulier à assurer. Il lui faut être non seulement un État organisateur, mais aussi un porte-parole de la communauté nationale québécoise, qui n'est pas seulement francophone, je tiens à l'ajouter pour éviter toute équivoque. C'est la fonction de l'État québécois de parler au nom de tous ceux qui acceptent de vivre au Québec, qui sont donc québécois. Il est le seul corps social à pouvoir assumer cette fonction. Réduire l'État québécois, c'est réduire notre voix, au Canada et dans le monde. Par exemple, le problème mondial de la diversité culturelle a été chaudement discuté et le sera encore bien longtemps. Sur ce thème fondamental, le Québec représente une voix très importante pour répéter que nous avons besoin d'une politique mondiale de respect de la diversité culturelle, pour poursuivre notre existence nationale dans cette marginalité qui est la nôtre, et qui est celle de bien d'autres « petites sociétés » dans le monde. Il s'agit là de la prise en compte des inégalités de pouvoir entre les cultures, surtout à une période de l'histoire où la culture yankee possède une énorme puissance de diffusion technologique, économique, financière. À cause de cela, le respect de la diversité culturelle est un thème majeur dans le monde d'aujourd'hui, il sera un des grands problèmes du XXIe siècle. Et comme nous vivons tout à côté de ce puissant empire, nous avons plus que jamais besoin d'un État qui affirme la nécessité de protéger et de sauvegarder cette diversité.

Un de nos problèmes au Canada, c'est l'emprise capitaliste sur les médias, emprise capitaliste qui est maintenant monopolisée par quelques grands entrepreneurs. C'est un problème parce que, dans la démocratie contemporaine, les médias doivent porter l'information la plus objective et la plus diversifiée possible. Et ce n'est pas facile à faire, démanteler des monopoles. Ils sont solidement installés et ont leurs entrées même au sein des gouvernements. Mais qui va le faire si ce n'est pas l'État ? Une réforme des médias ne peut pas se faire seulement au Québec, elle doit être pancanadienne, parce que ce sont des monopoles pancanadiens qui se sont installés dans les médias.

■ *L'arrivée d'Internet n'a-t-elle pas fait contrepoids ? Cela n'a-t-il pas contribué à une certaine démocratisation, libération de la parole ?*

D'une certaine manière, oui. L'Internet échappe à ces monopoles. On peut espérer qu'il ne s'y installera pas de nouveaux monopoles. L'arrivée de l'informatique et de l'Internet est évidemment un immense changement social et culturel, dont on peut croire qu'elle aura d'immenses conséquences dans l'avenir. C'est peut-être, comme on le dit, une autre grande révolution culturelle qui est en cours, qui modifie la communication, la diffusion des connaissances et la culture elle-même.

■ *Y a-t-il d'autres réformes qui devraient être entreprises, compte tenu du caractère particulier du Québec ?*

Il y a une réforme qui n'est pas propre au Québec mais qui, à mon sens, va devenir urgente. C'est celle de l'Église catholique. L'Église ne joue peut-être plus au Québec le rôle important qu'elle a joué longtemps, mais elle continue à être influente dans le monde. Si au Québec l'Église ne joue plus son rôle historique, c'est en partie parce qu'elle n'a pas entrepris la réforme qu'elle aurait dû connaître, à la fois parce qu'elle n'en avait pas la volonté, mais surtout parce que cette réforme-là n'était pas permise par le Vatican. C'est une grande perte pour les croyants d'abord, et pour le monde en général. L'Église catholique continue à être terriblement retardataire dans son attitude à l'endroit des femmes, du mariage, de la sexualité. Elle a de moins en moins d'emprise dans la vie quotidienne de ses propres fidèles. Un grand nombre de croyants catholiques vivent marginalement quant à la doctrine officielle de l'Église en matière de sexualité, en matière de mariage. À un moment où le clergé est devenu tellement clairsemé, l'Église catholique, en continuant de refuser d'ouvrir le sacerdoce aux femmes, néglige et méprise toute une partie de son assemblée qui pourrait contribuer activement à la vie religieuse. Beaucoup d'hommes et de femmes mariés pourraient aussi être plus engagés dans la pastorale. C'est ma conviction que notre civilisation connaît un déficit religieux à cause du retard de la réforme de l'Église catholique. Cela donne lieu par ailleurs à l'éclosion d'autres religiosités, sous la forme d'autres communautés, chrétiennes ou non chrétiennes, qui ont surgi à la faveur du conservatisme et de la stagnation de l'Église catholique.

■ *Vous avez déjà avancé l'idée selon laquelle le monde occidental avait été marqué par la conception véhiculée par les religions judéo-chrétiennes d'une Histoire qui serait cohérente, alors que selon vous l'Histoire n'a pas de sens, n'est pas prédéterminée. La réforme de l'Église catholique ne contribuerait-elle pas à renforcer cet archétype de pensée mythique et magique ?*

Ce n'est pas du tout dans ce sens-là que je souhaiterais que la réforme de l'Église catholique aille, surtout pas qu'elle reprenne la pensée magique. Au contraire, je pense que l'Église catholique aurait besoin de se repenser dans le contexte de la civilisation moderne contemporaine ou postmoderne : repenser sa mission propre en s'inspirant des grands courants intellectuels qui ont fait et font l'histoire de notre civilisation, des traditions judéo-chrétiennes dont elle est l'héritière. Je souhaite une Église qui soit la porte-parole d'une spiritualité plus ancrée dans notre temps et qui réponde mieux aux angoisses de l'humanité ; une Église qui réponde aux angoisses de la « cage d'acier » dans laquelle nous vivons, des grandes insécurités, des incertitudes et de l'espèce de vide spirituel qui sont notre lot actuel. Je regrette que l'Église catholique et les Églises protestantes ne diffusent plus le message spirituel que nous aurions besoin d'entendre. C'est pourtant là leur mission.

Chapitre 3

CULTURE ET LANGUE

■ *En relisant plusieurs de vos textes, je me suis rendu compte que la thématique de la culture est centrale dans votre réflexion, dans le regard que vous posez comme sociologue sur la société québécoise. Lorsque vous parlez de culture, de quoi est-il question au juste ?*

La vie humaine en société est tendue entre ordre et désordre, entre chaos et organisation. Ce qui fait la différence, c'est la culture, qui agit comme un dénominateur commun permettant la communication, un certain contrôle social, diverses formes de solidarité et ce qu'on peut appeler d'une manière générale le « vivre ensemble ».

La culture, pour un sociologue, c'est le cerveau d'une société, c'est son esprit, c'est l'ensemble des représentations que l'on appelle parfois symboliques, c'est-à-dire l'univers des idées, des représentations, des attitudes, des valeurs, des idéologies, de l'esthétique, des philosophies de vie, des visions du monde (selon l'expression allemande). Je l'ai déjà définie comme étant toutes les manières de penser, de sentir et de faire qui sont propres à une collectivité, qu'elle soit petite ou grande. Comme vous voyez, ce n'est pas la culture entendue comme développement de l'esprit que je définis de cette manière : c'est la culture entendue au sens sociologique ou anthropologique. Pour le sociologue comme pour l'anthropologue, et sans doute pour le politologue, il n'y a pas vraiment de communauté humaine sans que s'y trouve une culture qui relie les personnes qui en font partie, ou sans que s'entretiennent et que changent les cultures, ces ensembles d'expression symbolique. Ce monde symbolique est évidemment concrétisé dans des objets culturels. Il peut être concrétisé dans des livres, des films, des émissions de télévision, un drapeau, un hymne national, un totem, des rituels particuliers, etc.

Depuis le moment où je suis devenu sociologue, et même bien avant, ce qui m'a toujours frappé, c'est la différence de culture que j'observais en passant d'une famille à l'autre. Quand j'étais jeune et que j'allais chez des amis, je me rendais compte que ceux-ci, dans leur famille, n'avaient pas le même comportement que j'avais chez moi, que les rituels n'étaient pas les mêmes, que les modes de relations entre les membres de la famille n'étaient pas les mêmes. Ainsi, je prenais conscience qu'une famille a une identité et que cette identité s'exprime principalement par ce que l'on peut appeler la culture. Même chose pour des institutions : chaque université a sa culture, chaque hôpital a sa culture, un mouvement social a sa culture, un lieu de villégiature a la sienne. Pendant un certain nombre d'années, j'ai fréquenté les terrains de camping. Ces terrains avaient leur culture propre. On va de l'un à l'autre, et ce n'est pas le même climat culturel.

Les anthropologues, grâce à leur vaste terrain d'étude, ont abondamment illustré et analysé cette infinie diversité des cultures, tant dans leur contenu que dans leurs modes d'expression. La notion générale de culture, entendue au sens anthropologique et sociologique, s'en est trouvée immensément enrichie.

Cependant, entre la notion universelle de la culture et la

diversité concrète des cultures réelles, un écart épistémologique ne manque pas d'apparaître : la première risque de donner l'impression que la culture est figée dans le temps et l'espace, trop loin des cultures vivantes et changeantes. Cela nous ramène au débat qu'il y a eu dans les sciences sociales entre le regard universel et le regard individualisant du chercheur. C'est un débat qui a été très important au XIXe siècle, surtout en Allemagne, chez les fondateurs des sciences sociales. Il y avait d'un côté les tenants d'une science sociale qui avait comme modèle les sciences de la nature, et donc qui espérait en arriver à des lois universelles de la vie sociale. À l'encontre de ce point de vue s'est développée une autre école, plutôt historiciste, comme on l'a appelée, et plus individualisante, qui avait comme objet le caractère singulier, unique, de chaque société, de chaque époque historique, de chaque collectivité, de chaque culture et, à l'intérieur des collectivités, de chaque groupement.

■ *Comme chercheur, vous considérez-vous davantage comme un universaliste ou un particulariste ?*

En réalité, il faut être les deux. L'analyse du particulier s'éclaire par la vision universelle et celle-ci s'enrichit de la connaissance des cultures singulières. Pour ma part, j'ai sans doute été particulariste, puisque le Québec a été et demeure mon objet premier d'analyse. Mais je l'ai été en m'efforçant, à partir des cadres théoriques et conceptuels dont on dispose, de penser ces particularités à travers certains concepts plus généraux, tout en gardant le contact avec la réalité empirique qui m'a toujours inspirée.

La culture occupe une place centrale dans mes travaux, parce qu'elle représente la manière la plus naturelle d'entrer dans le cœur d'une société et d'en comprendre le fonctionnement vivant. On peut étudier une société à partir de ses structures sociales, à partir de sa division en classes sociales, de ses institutions, ou de sa répartition géographique sur un territoire. Mais ce qui donne vie à ces structures, ces classes sociales, leurs institutions ou leur région, c'est la culture, à travers laquelle les personnes utilisent ces structures sociales, les vivent et les font évoluer. D'ailleurs, on peut dire que la culture a des rapports dynamiques avec les structures sociales dans la mesure où elle l'influence, la modifie, et en retour subit ses influences et ses contraintes. La culture d'une nation n'est pas indépendante de l'évolution des classes sociales, mais en même temps elle y contribue. Il y a un va-et-vient entre la culture d'une collectivité et sa structuration et son institutionnalisation. Les institutions sont ainsi des concrétisations d'éléments culturels. C'est pour cela que je pense que la culture est la porte d'entrée pour la compréhension, et une partie de l'explication, de la réalité sociale. Comprendre et expliquer, c'est ça que nous faisons en sociologie, c'est ce qui nous a été enseigné par nos prédécesseurs. Or, pour ce faire, on étudie la culture : c'est l'angle sous lequel on sent vivre une société ; on en palpe la vie en quelque sorte.

■ *Vous qui avez beaucoup observé la société québécoise et analysé les changements qui l'ont marquée au cours du dernier demi-siècle, comment qualifieriez-vous la culture québécoise ? De quelle culture s'agit-il, de quoi est-elle faite ?*

C'est facile de parler de « la » culture en général, mais c'est souvent assez difficile de parler d'« une » culture en particulier, surtout la sienne. C'est le paradoxe que j'ai souvent observé. La question que vous posez est la pire des questions que l'on peut poser à un sociologue. Elle est difficile précisément parce qu'elle est pertinente : on se demande quels seraient les traits distinctifs, spécifiques de la culture québécoise, mais on soupçonne qu'on en est arrivé à une atomisation de la culture québécoise, ou en tout cas à une diversification de cette culture.

Pour répondre à votre question, on a l'habitude de se référer d'abord aux valeurs qui seraient singulières à la culture québécoise. Le problème, c'est que la modernité a eu comme effet de mettre en place un fonds commun de valeurs que l'on aime dire universelles et qui se retrouvent dans les sociétés contemporaines. C'est la foi en la démocratie, les droits de la personne, la dignité de la personne, l'égalité des femmes et des hommes. Ces valeurs se retrouvent dans la culture québécoise comme dans les autres cultures nationales de l'Occident, à tout le moins. Ce qui cependant est propre aux cultures nationales, c'est la manière de pratiquer et de vivre ces valeurs, et parfois l'ordre hiérarchique que l'on établit entre elles. C'est aussi, et peut-être surtout, le « vivre ensemble » inspiré de ces valeurs. La culture québécoise se caractérise par une certaine manière de vivre ensemble, un certain mode de rapports aux autres qui découle des rapports à soi. Il n'est pas facile de dire avec précision en quoi ce type de rapports humains se distingue des autres. C'est la comparaison qui nous éclaire. Notre manière québécoise de vivre ensemble n'est pas celle des Français, on s'en rend bien compte quand on séjourne en France. Elle n'est pas non plus celle des États-Uniens, on en prend vite conscience quand on voyage aux États-Unis. Il y a dans la culture québécoise un regard sur l'autre qui n'est pas empreint de la hiérarchie à la française, mais qui est quand même moins instrumental que l'états-unien. Je pense qu'on peut faire l'hypothèse que le faible espace que l'ambition économique a occupé dans la culture québécoise des francophones trouverait son explication dans cette manière particulière de vivre ensemble, ce mode de rapports humains. Il faudra voir dans quelle mesure le développement de l'entrepreneurship chez les Québécois francophones modifie déjà ou modifiera cette particularité.

Pour l'heure, on peut encore dire, me semble-t-il, que c'est cette manière d'être ensemble, de vivre ensemble qui fait qu'il y a « une » culture québécoise, un fonds commun, par-delà la diversité par ailleurs réelle des cultures particulières. À cet égard, il y a assurément deux grandes cultures québécoises, celle de la communauté montréalaise, qui s'étend au nord et au sud de l'île, et celle du reste du Québec. Le pluralisme religieux, linguistique et ethnique de la région montréalaise fait que la culture québécoise y est engagée dans une évolution que ne connaissent pas de la même manière les autres régions du Québec. Un écart que je qualifie de dramatique s'est creusé entre Montréal et le reste du Québec.

■ *Il y a donc des cultures locales et, par conséquent, des frontières de cultures ?*

Votre question m'amène à parler d'une composante importante de la culture nationale, une composante que les sciences sociales négligent — à l'exception sans doute de la géographie humaine. Il s'agit du rapport à un territoire. C'est une sorte de géosociologie qu'il faut d'abord pratiquer pour comprendre une culture nationale. À cet égard, je dirais que, depuis une quarantaine d'années, depuis la Révolution tranquille, le territoire québécois s'est beaucoup précisé. Quand nous vivions dans le nationalisme canadien-français, le territoire du Canada français était poreux : il comprenait le Québec, mais il s'étendait aux minorités françaises hors Québec à l'est et à l'ouest. L'évolution du nationalisme québécois s'est faite dans le sens d'une définition beaucoup plus précise du territoire, celui de la province de Québec. Le territoire étant défini, la culture québécoise comporte au départ la représentation que l'on se fait de ce territoire, avec ses frontières et son contenu. Cela, les sociologues le négligent, mais la géographie humaine nous rappelle à cette réalité. Les géographes ont exploré cette manière de se représenter le territoire, et surtout la manière de l'habiter. Par exemple, dans les cours de géographie humaine que nous suivions à l'Université Laval, on nous enseignait le sens du territoire chez ceux qui l'habitent. Je me souviens d'expéditions que nous faisions avec le professeur français Pierre Deffontaines sur l'île d'Orléans, où nous essayions de comprendre la perception de l'île que les insulaires en avaient. Et cela m'a initié un peu à ce sens du territoire.

Pendant quelque temps, j'ai eu l'occasion de travailler avec les Amérindiens du Québec. Chez eux, le sens du territoire est fondamental, existentiel. Leur conception de leurs droits ancestraux est basée sur une idée, une vision, une représentation du territoire, avec les mythes, les contes, les pratiques ancestrales qui y sont attachés, et la signification que chaque partie du territoire a : la signification d'une rivière, d'une montagne, d'un marais, etc. Ils ont aussi conscience des limites de leur territoire, des limites ancestrales, mais également des limites qu'on leur impose maintenant. Le grand drame des Amérindiens, c'est précisément la perte de leur territoire, l'invasion de leur territoire par les Blancs et toutes les restrictions qu'on leur impose maintenant dans le recours au territoire. Le territoire est tellement important qu'il peut faire partie de la thérapie. Dans une entrevue menée dans le cadre d'une de nos recherches, on nous raconte comment quelqu'un qui est très malade va trouver un apaisement si on l'amène sur son territoire, dans le bois, pour y passer une journée à reprendre contact avec la forêt. On le fait même avec des mourants, à qui ça redonne une certaine sérénité devant la mort.

Le territoire et les représentations qu'on s'en fait, les valeurs qu'on y attache, voilà pour moi un élément essentiel de la définition de la culture québécoise. Et ce territoire, il est peuplé. C'est l'élément clé de toute culture nationale. Prenons le territoire de la région de Montréal comme exemple. Selon que l'on est à Montréal ou qu'on est plutôt en dehors, on n'a pas le même contact quotidien avec cette ville, et par conséquent pas la même représentation de la population qui l'habite. C'est en réalité une représentation complexe et multiple, très plurielle, faite d'images variées. Les Montréalais ont leur perception d'eux-mêmes, et les autres ont des Montréalais diverses perceptions. Cela ne va pas sans certaines images déformantes, des préjugés et des stéréotypes sur les mœurs des Montréalais, leur manière de parler, de se comporter. De même, nous avons une représentation des Québécois des différentes régions, ceux de Québec, de l'Abitibi, de la Gaspésie, etc.

Avec la diversité croissante de la population québécoise — diversité religieuse, linguistique, ethnique, surtout celle de Montréal —, la perception du Québécois s'est énormément complexifiée au cours des dernières décennies. Pensons seulement à la perception qu'ont du Québécois dit « de souche » des hommes et femmes de différentes origines ethniques, appartenant à l'une ou l'autre des communautés culturelles, et, inversement, à la vision qu'a d'eux et d'elles le Québécois dit « de souche ». De la même manière, la minorité québécoise d'origine anglo-saxonne a sa perception d'elle-même, des Québécois francophones et des immigrés. Et toutes ces représentations varient encore selon qu'on habite un quartier de Montréal et pas d'autres. Chaque quartier d'une ville a sa culture.

■ *Je vois que vous accordez de l'importance au territoire dans votre conception de la culture. Est-ce que la sociologie a travaillé sur ce thème ?*

Pas assez, à mon avis. Une certaine sociologie des villes l'a fait, mais trop peu. Pourtant, le territoire fait partie de la culture, et les cultures se découpent et s'identifient selon les territoires. Le territoire, qu'il soit local, comme un quartier, ou national, est porteur d'une histoire et avec elle de références, de significations, de valeurs, souvent de projets. Le territoire vit au gré des transformations qu'il connaît : apport de nouvelles populations, apparitions ou disparitions d'entreprises, réaménagement du circuit routier ou ferroviaire, etc. Et, avec ces changements, on assiste à l'évolution de la culture du quartier. J'admire ceux qui travaillent à l'histoire de leur quartier, de leur village, de leur ville ou de leur région. Ils contribuent à la vitalité de leur culture locale, tout comme le font à une autre échelle des historiens de la nation ou d'une civilisation. Ce qui témoigne bien de l'importance sociale et culturelle du territoire, c'est que l'histoire est toujours celle d'un espace circonscrit aussi bien que d'une temporalité particulière, toujours associés l'un à l'autre.

Cela va de pair, à mon avis, avec la démographie. Je veux dire par là que chaque culture porte des représentations de la population qui habite le territoire. Par exemple, les variations des différents taux de natalité au sein de la population, l'émigration et l'immigration, le vieillissement ou le rajeunissement font partie des représentations du soi collectif que porte la culture d'une nation, comme le Québec. Et cette autoperception peut varier au sein de la population, selon les quartiers ou selon les classes sociales, chez la majorité ou chez les minorités, comme elle peut aussi évoluer plus ou moins rapidement suivant les réalités démographiques elles-mêmes.

■ *Les représentations de soi et des autres se retrouvent-elles dans les œuvres culturelles, les différents arts ?*

En effet. Pour bien saisir la culture québécoise dans son ensemble, il faut aller vers les objets culturels qu'elle produit.

Et à cet égard, je dirais que la télévision québécoise est différente de la télévision canadienne-anglaise. Il se produit ici une télévision très particulière depuis le début des années 1950. Elle a toujours été marquée par une culture qui lui est propre, c'est-à-dire par des références particulières, par un ensemble de productions qui sont locales, des téléséries qu'on a toujours eues depuis *Un homme et son péché*, en passant par *La Famille Plouffe* jusqu'aux *Bougon* et à *Virginie*. Ces émissions demeurent des référents pour une grande partie de la population québécoise, en tout cas la population de langue française. Il y a là un produit québécois de la culture québécoise francophone.

Il en va de même de la littérature québécoise, celle qu'on peut maintenant enseigner. Il y a une cinquantaine d'années, on n'avait pas beaucoup d'œuvres québécoises à enseigner. Depuis lors, la littérature québécoise s'est beaucoup développée : elle s'est enrichie de l'apport d'écrivains immigrants, entre autres. Elle fait partie de la socialisation à la vie québécoise. Cette littérature est également, en partie en tout cas, traduite en anglais, elle est donc connue dans le monde anglo-saxon, anglo-américain, disons, comme étant la littérature d'un peuple particulier, ainsi qu'elle l'est en France et en Belgique. Pensons aussi à ceux que l'on a appelés les chansonniers, même si le terme n'est pas tout à fait exact : les Vigneault, Léveillée et autres, nombreux au Québec, qui ont contribué à exprimer une partie d'une culture québécoise et, en même temps, lui ont apporté des éléments qui la révélaient à elle-même ou qui l'ouvraient à autre chose. Dans l'ensemble de la création culturelle, je dirais que la chanson populaire, c'est un peu comme autrefois la musique et la danse populaires : un important ambassadeur de culture et un lieu privilégié d'expression.

Puis il faudrait encore parler de l'explosion du monde des arts depuis les années 1950. Qu'il s'agisse du cinéma québécois, du théâtre, de la poésie ou des arts visuels, on a assisté à l'implantation et à la maturation d'une esthétique à la fois québécoise et universelle. Il ne s'agit pas de s'en vanter, mais plutôt de le constater.

■ *La culture fait que, sans que nous ayons besoin de trop nous parler, nous sommes capables de nous reconnaître. Mais nous sommes aussi Canadiens. Comment se fait le pont entre les deux cultures, celle qui s'est développée au Québec et celle qui caractérise le Canada anglais ? Vous qui avez siégé au Conseil des Arts et au CRTC, vous connaissez bien le Canada anglais.*

Vous faites bien de le souligner, nous sommes aussi Canadiens. Nous le sommes certainement d'une manière politique, juridique, constitutionnelle. Nous relevons de la Constitution canadienne et de l'État canadien. Qu'en est-il par ailleurs de notre culture ? Est-elle canadienne ? Au XIXe siècle et au début du XXe, le Canada — territoire et peuple — était un référent littéraire et poétique. C'est un Canadien français qui a écrit le *Ô Canada*, devenu l'hymne national du Canada, un hymne national maintenant traduit en anglais (en réalité, il s'agit d'une version anglaise plutôt que d'une traduction). Et puis, on a longtemps chanté *Un Canadien errant* en pensant aux Patriotes de 1837 en exil. Aujourd'hui, le référent est plutôt le Québec, la terre québécoise, le milieu québécois.

Pour ma part, je constate que, dans ma vie personnelle et professionnelle, un profond fossé s'est hélas creusé entre le Canada anglais et moi. Au lieu de « la fin des deux solitudes », j'ai vu s'élever une importante muraille, qui nous sépare culturellement les uns des autres, sans doute faite de beaucoup d'ignorance réciproque. Et les lieux de passage ne sont pas nombreux, je le constate et le regrette. Mes collègues des sciences sociales du Canada anglais sont moins bilingues qu'ils ont été autrefois, malgré tous les efforts d'immersion, et malgré le fait qu'un nombre croissant de Canadiens anglais ont appris le français. Les sociologues canadiens de langue anglaise ne s'intéressent pas à la sociologie que nous faisons au Québec, ils l'ignorent et ne s'en portent pas plus mal. Lors des réunions scientifiques des associations pancanadiennes, ils ne viennent plus aux séances que nous organisons : nous nous retrouvons entre Québécois. Maintenant, c'est peut-être la nord-américanité qui nous réunit plus que la canadianité, si je peux dire.

■ *Dans un texte que vous avez écrit au début des années 1970, tout de suite après l'adoption de la politique canadienne du multiculturalisme, vous faisiez un diagnostic dévastateur : la culture anglophone dominerait dans le Canada tout entier ; on assisterait au déclin du statut de la communauté francophone, l'atomisation culturelle s'implanterait, etc. Vous écriviez : « Le Canada multiculturel offre trop peu de chances désormais à la survie et à l'épanouissement de la culture canadienne-française. » Comment expliquez-vous que ces projections ne se soient pas concrétisées ?*

Ce texte remonte à 1972, et je fais toujours le même diagnostic critique. Dès 1972, cette définition de la nation canadienne par le multiculturalisme a été de nature à favoriser l'anglicisation des immigrants : on a séparé la langue de la culture, on accepte le bilinguisme, mais on refuse maintenant de considérer le Canada comme étant biculturel. Le bilinguisme ne repose plus sur ce qui le justifiait aux yeux des Canadiens : la présence historique de la communauté de langue française comme composante de la nation canadienne. Je me suis donc vivement opposé à cette instauration du multiculturalisme par Pierre Elliott Trudeau.

■ *Ce multiculturalisme est différent de celui qu'on entend comme mode de gestion et d'accommodement de la diversité ethnoculturelle.*

Il faut toujours faire cette distinction, vous avez raison. Ce à quoi nous nous opposons, c'est la définition politique d'un Canada multiculturel, et non pas la nécessaire gestion de la diversité culturelle au Canada comme au Québec. Une fois qu'on a dit cela, je persiste à dire que les effets de cette définition du Canada continuent à se faire sentir et vont se faire sentir de plus en plus. Et cela, parce que, selon cette conception, la communauté canadienne de langue française ne fait plus partie de la définition du Canada. Elle est une minorité comme les autres. C'est ce que je trouve très dangereux pour les minorités de langue française hors Québec. Au Québec, nous avons agi d'une autre manière avec la francisation et la loi 101. Mais les minorités francophones hors Québec ont perdu ce qui devait être la base de leur survivance et de leurs revendications : être reconnues comme une des deux cultures nationales du Canada. Ce n'est plus le cas maintenant, et l'avenir ne m'apparaît pas rassurant pour la défense des minorités canadiennes-françaises hors du Québec. Elles ont le même statut qu'une minorité ukrainienne, allemande ou asiatique : on ne peut qu'y voir un affaiblissement très grave. Les effets vont continuer à se faire sentir à long terme. D'autant plus qu'au fond ce multiculturalisme cache la domination d'une certaine culture anglo-saxonne à la manière canadienne. Ce qui est dominant, ce qui fait le pont entre les différentes communautés de ce Canada, c'est une certaine culture canadienne de langue anglaise. C'est ce que l'ensemble des Canadiens hors Québec voient à la télévision, lisent dans les journaux, entendent à la radio, apprennent à l'école. Ils vivent donc dans un bain anglo-saxon à la canadienne. Si bien que je porte toujours un regard inquiet sur cette définition multiculturaliste du Canada. Je crois que mon pronostic de 1972 est en train de se réaliser. La situation du français est sans doute inquiétante au Québec, mais elle l'est bien davantage pour la minorité de langue française hors du Québec. Sauf peut-être au Nouveau-Brunswick, où il y a d'autres éléments de défense : le nationalisme acadien est fort, et les francophones constituent une minorité beaucoup plus importante. Mais encore là, c'est une minorité qui est localisée géographiquement et qui est sensible aux éléments de sa faiblesse, qu'elle connaît bien.

■ *Pourrait-on dire que l'échec de la reconnaissance du Québec comme société distincte au moment des négociations constitutionnelles de Meech et de Charlottetown est aussi un effet de cette nouvelle définition du Canada, qui a mis de côté toute référence à son caractère biculturel ?*

On peut le voir comme cela en effet. Voilà l'apport intéressant d'un politologue comme vous ! À la réflexion, je pense que vous avez raison. Cela complète bien mon analyse. Merci de l'avoir apporté.

■ *Lorsqu'il est question de culture québécoise dans vos travaux, les termes « fragilité », « insécurité », « risques », « incertitude », « survivance », « vivre au bord de la catastrophe » et « marginalité » reviennent constamment. Ces éléments demeurent en dépit de l'adoption de la Charte de la langue française. S'agit-il d'une simple constatation sociologique du fait minoritaire, et donc d'une culture constamment en état de veille ?*

Oui, cela paraît faire partie d'un certain réalisme devant notre situation sur ce continent. Je fais allusion ici, bien sûr, à la composante française de la culture québécoise, qui lui confère son originalité en Amérique du Nord. C'est une situation qui a constamment exigé un effort, une lutte, pour se faire reconnaître, pour se faire accepter ou, à tout le moins, pour ne pas se faire oublier ou nier. Je crois que, de ce point de vue là, il y a dans la culture québécoise une propension à comprendre que la vie sociale est faite de rapports de force, de rapports de lutte. Et c'est une lutte qui s'exprime précisément dans la recherche de notre identité, une identité implantée en Amérique du Nord et profondément marquée par cette implantation. Ce qui, par ailleurs, me frappe beaucoup, c'est que la culture québécoise a connu un extraordinaire dynamisme d'adaptation et de changement, particulièrement au cours des cinquante dernières années. Pour moi, c'est un signe à la fois de vitalité mais aussi d'une certaine angoisse. La modernisation du Québec, elle s'est faite dans l'enthousiasme, mais c'était un enthousiasme mêlé d'anxiété parce qu'on s'est vu changer vite, sans trop savoir vers quoi on s'en allait. Cette angoisse, elle est toujours là dans l'évolution vers la pluralité. Il y a donc un fond d'angoisse dans la culture québécoise, dans la mentalité québécoise, dans la conscience d'être québécois, et qui se retrouve, bien que différemment, chez les minorités allophones et dans la majorité francophone.

■ *Souvent, aux angoissés, on oppose le fait que le Québec a produit des Céline Dion, des Roch Voisine et Isabelle Boulay qui ont fait fureur en France, des Denys Arcand au cinéma, des Michel Tremblay au théâtre, des grands peintres comme Alfred Pellan, Paul-Émile Borduas et Jean-Paul Riopelle, le Cirque du Soleil, qui a renouvelé le monde du cirque, Bombardier en aéronautique, etc. Donc, aux angoissés, on dit que leurs craintes ne sont plus fondées, qu'il faut maintenant regarder vers l'avant plutôt que de tenir un discours où le thème de l'insécurité occupe trop de place.*

Je dirais que ces productions sont souvent le fruit de l'angoisse. Mais attention, ce n'est pas une maladie, ni un état d'âme dépressif. C'est l'angoisse qui habitait les féministes lorsqu'elles ont entrepris de réagir à des états de fait qu'elles constataient. C'est une angoisse qui est faite d'une analyse critique d'une situation qui peut paraître inquiétante ou risquée, et qui nous pousse à faire plus que ce que d'autres feraient. Je ne ferai pas la psychanalyse ni de Céline Dion, ni de Michel Tremblay, ni des entrepreneurs, mais je crois que, comme Québécois francophones, nous avons eu besoin d'en faire plus pour arriver à nous imposer. C'est ce que j'appelle une angoisse créatrice, une angoisse productive. Et cette angoisse, elle s'exprime encore, elle est toujours là. Par exemple, dans le milieu universitaire en ce moment, on nous dit une fois de plus que nous allons être en concurrence avec d'autres grandes universités, qu'il faut s'y préparer et donc en faire davantage. Je lis cette angoisse dans le message que les recteurs nous envoient ou que les analystes de la situation des universités québécoises nous envoient en ce moment. C'est ça que j'appelle une angoisse qui ne nous colle pas au plancher, mais au contraire, nous force à rebondir. Je crois que cela fait partie d'une psychologie profonde de l'action humaine individuelle et collective.

Une partie de notre angoisse de francophones québécois nous a servi à nous dire majoritaires. Cela nous est venu avec l'évolution du Québec vers l'idée d'une nation québécoise ; c'est certainement là un acquis important en comparaison de l'image que nous pouvions avoir de nous-mêmes auparavant, dans le nationalisme canadien-français : une minorité au sein du Canada. Cette représentation de nous est remplacée par celle selon laquelle nous sommes avant tout une majorité sur le territoire québécois. Pour moi, c'est un acquis important à préserver et sur lequel on peut compter pour bâtir. C'est, je crois, une manière d'assumer l'angoisse d'une nouvelle nation, comme l'a analysé Gérard Bouchard, par des projets d'action à l'intérieur d'une société où nous avons le sentiment d'être majoritaires.

■ *Parlez-vous du « nous », Québécois francophones ? Quelle place faites-vous à ceux qui n'appartiennent pas à ce groupe ?*

Il y a de toute évidence deux « nous » qu'il ne faut pas confondre. Il y a le « nous, Québécois francophones » que vous venez d'évoquer, celui que j'emploie quand je parle de la communauté des Franco-Québécois, dont je fais partie avec la majorité des Québécois. Ce premier « nous » cohabite avec d'autres « nous » : celui des Anglo-Québécois, des Portugais, des Espagnols, des Italiens, des Égyptiens et des autres. Ces diverses communautés de Québécois ont droit à leur « nous », l'entretiennent et le gardent actif de diverses manières. Ce sont les « nous » communautaires d'une société plurielle, et qui sont sociologiquement tout à fait normaux. Et puis, il y a un autre « nous » : le « nous Québécois » par lequel se désignent l'ensemble des Québécois, de toute origine, de toute langue, de toute religion, de toute région, de tout âge. C'est le « nous » national québécois, de nature inclusive. Et c'est par le travail qui s'exerce à la fois dans les « nous » communautaires et dans le « nous » québécois que se fait l'évolution de la culture québécoise. La culture québécoise m'apparaît ainsi composée de diverses cultures, en même temps qu'elle est à la recherche de son unité dans la diversité. Il y a des citoyens qui travaillent davantage à sauvegarder ou à enrichir leur culture communautaire — celle des Franco-Québécois ou celle des autres — et d'autres qui s'emploient à la nouvelle culture du « nous » national. Mais chacun de nous peut appartenir à au moins deux « nous » à la fois : il n'y a à cela rien d'anormal dans une nation plurielle.

Ce qui est difficile, au Québec, c'est de réussir à associer la majorité et les minorités dans une identité québécoise commune sans parler d'assimilation. Quand je suis de l'autre côté de la frontière, aux États-Unis, je constate que, pour les Américains, c'est normal de parler d'assimilation. Non seulement c'est normal, mais c'est l'objectif national. Au-delà du fait que les États-Unis soient composés de nombreuses petites sociétés règne l'objectif d'assimilation de ceux qui y arrivent. Et cela est affirmé de toutes sortes de manières. C'est ainsi qu'on a toujours refusé qu'un État admette une langue seconde. Et puis, un jour, j'ai appris que, dans presque tous les États américains, pour enseigner au primaire et au secondaire, il faut être citoyen américain. C'est obligatoire. J'ai connu des immigrants aux États-Unis qui auraient voulu enseigner mais à qui c'était refusé. Et pourquoi ? Parce que, là-bas, on considère que l'école publique est le lieu privilégié d'assimilation de tous les citoyens. Le Canada a voulu se distinguer des États-Unis et continue à vouloir s'en distinguer par sa définition multiculturelle. Au Québec, nous avons refusé cette définition du Canada à la Trudeau alors que, dans le reste du Canada, le multiculturalisme a été élevé au rang de vertu nationale. Et le « nous » canadien s'enorgueillit de son identité multiculturelle. La culture canadienne prétend nous enseigner que nous devons respecter les minorités dans leurs religions, dans leurs cultures, dans leurs langues, dans leurs mœurs. À mon avis, c'est ce que nous faisons au Québec aussi bien, ou disons pas plus mal. Mais la différence essentielle, c'est que l'évolution de la culture québécoise nationale exige un travail singulier, qui est de réussir à engendrer une identité québécoise commune aussi respectueuse des minorités que l'identité canadienne sans se réclamer du multiculturalisme, mais tout en en pratiquant les vertus. Pour se maintenir et survivre, la culture du « nous » québécois a besoin d'une unité qui est à la recherche de ses fondements.

■ *D'aucuns objecteront alors que la culture québécoise rejetant le projet trudeauiste se consolide dans le non-respect des minorités.*

Pourtant, je dis exactement le contraire. L'enjeu est d'allier un respect pour toutes les minorités avec un égal respect pour la recherche d'une identité québécoise particulière. Il s'est d'ailleurs produit une évolution des minorités aisément observable. Elles ne forment plus un bloc homogène, en politique notamment, comme elles ont pu le faire. On voit maintenant de plus en plus des noms de candidats qui ne sont pas « de souche » dans le Bloc québécois, dans le Parti québécois, aussi bien que dans le Parti libéral. Il y a donc maintenant une pluralité d'options politiques pour les communautés culturelles québécoises.

■ *Vous avez été l'un des premiers sociologues à souligner que la culture québécoise est marquée non seulement par son inclusion dans l'espace politique et identitaire canadien, mais aussi par sa localisation géographique sur le continent nord-américain. Vous avez été l'un des premiers à parler de la nord-américanité de la culture québécoise. À quoi ressemble notre nord-américanité particulière ?*

On revient à la notion de territoire, mais ici c'est un territoire très étendu. Tout d'abord, je peux dire qu'on conçoit notre place dans le territoire de manière négative, c'est-à-dire avec ce sentiment que nous ne sommes pas européens, que l'Europe est un autre monde pour nous et que, lorsqu'on se trouve en Europe, on sent bien qu'on n'est pas chez soi. Mais d'une manière plus positive, je dirais qu'il y a chez nous un certain nombre de traits qui sont nord-américains et qui frappent d'ailleurs les Européens. Je reviens au mode de « vivre ensemble » dont je parlais tout à l'heure, au type de relations humaines égalitaires que nous avons ici, qui est proprement nord-américain. Cela, je le vis quotidiennement avec des étudiants européens que je reçois chaque année. Ils sont d'abord très étonnés du type de relations que les étudiants ici peuvent avoir avec les professeurs, et de l'attitude des professeurs à leur endroit, de la proximité de l'étudiant et du professeur, et du fait que l'étudiant a accès au professeur. La hiérarchie sociale est de beaucoup réduite ici. Je ne dis pas qu'il n'y a pas de hiérarchie sociale. Il y en a toujours une. Mais elle n'a pas ici la rigidité qu'elle a en Europe.

Une autre partie de nous-mêmes comme Nord-Américains, c'est notre conception de la démocratie, qui est différente de la conception européenne, beaucoup moins républicaine. En science politique, on connaît bien cette distinction. C'est une démocratie plus horizontale que la démocratie républicaine. On remonte toujours à Tocqueville et à sa *Démocratie en Amérique*; ce fut un grand étonnement pour ce jeune noble que de découvrir en 1830 aux États-Unis une démocratie qui ne correspondait pas à celle qu'il voyait naître en France.

Un troisième élément est que nous sommes conscients d'avoir des racines historiques qui sont relativement courtes. Et ça, c'est bien nord-américain. Où que nous allions en Amérique, le passé n'est pas profond, à la différence de l'Europe, où un passé millénaire est présent, visible. Ici, il n'y a pas de racines historiques remontant à l'Antiquité et au-delà. Nous avons donc le sentiment de vivre dans un continent que l'on peut encore considérer comme assez neuf. Certes, il ne l'est pas pour les Amérindiens, qui en furent les premiers occupants. La plus ancienne racine historique, c'est eux qui l'ont, ils le proclament avec fierté, non sans raison.

Un autre aspect de notre américanité, c'est notre sentiment d'être dans un monde de l'anglo-saxonnie. Cela fait partie de la notion du territoire et de sa population. À la différence de l'Europe, où l'anglo-saxonnie est isolée sur son île, ici, c'est nous, au Québec, qui sommes l'île au milieu des anglophones. Et donc, pour nous, par exemple, depuis plus longtemps qu'en Europe, on entend de l'anglais autour de nous ; l'accent anglais nous est familier.

Il y a peut-être un dernier élément encore. Je dirais que notre culture québécoise est depuis longtemps, beaucoup plus longtemps qu'on le dit, multiculturelle. Non pas parce que nous nous définissons comme multiculturels, mais parce que nos ancêtres français ont cohabité, de diverses manières, d'abord avec les Amérindiens, puis avec les Britanniques venus s'installer ici en nombre après 1760. Et puis, aujourd'hui, on n'en parle pas assez, comme si l'immigration était toute nouvelle, mais le Québec a connu successivement plusieurs vagues d'immigration, au XIXe siècle et au début du XXe siècle. Dans à peu près toutes nos familles, nous avons été en contact avec des Irlandais, des Juifs, des Italiens, etc. Il y a eu un certain nombre d'intermariages, surtout avec des Irlandais et des Italiens, parce qu'ils étaient catholiques. Puis nous avons vu arriver ceux qu'on appelait d'un terme général les « Pollocks », c'est-à-dire tous ceux qui venaient d'Europe centrale, et puis tous ceux qui étaient dits des « Syriens », qui ne venaient pas de Syrie, mais d'Arménie, du Liban ou d'Égypte. Cela fait partie de notre nord-américanité depuis longtemps. Comme dans le reste du monde nord-américain, le Québec a été une terre d'immigration. Nous ne les avons pas absorbés en grand nombre, nous les Canadiens français, mais nous les avons beaucoup côtoyés. Dans ma petite ville natale de Berthierville, à cause de la présence d'une industrie, il y avait une importante minorité anglo-protestante qui se démarquait de la majorité francophone catholique, tout en entretenant avec elle des contacts dont j'ai le clair souvenir. Dans les milieux de travail, il y avait de nombreux contacts avec des immigrants. Dans le commerce, on allait, quand j'étais jeune, acheter chez les Juifs de la rue Craig, à Montréal. Quand j'ai travaillé un été en usine pour payer mes études, les contremaîtres étaient italiens et, parmi les travailleurs, certains étaient « syriens ».

■ *Vous avez obtenu votre doctorat de Harvard. La civilisation américaine a toujours exercé sur vous une certaine fascination, au point où vous disiez que l'avenir du Québec était lié à la civilisation américaine. Et je dois admettre que je n'ai pas très bien compris.*

L'avenir du Québec est lié à la civilisation américaine parce qu'à la fois on en dépend, mais aussi on s'en défend. D'abord, avec le Mexique, nous sommes les deux pays du monde le plus géographiquement près des États-Unis. En quelques heures de voiture, on pénètre loin aux États-Unis, on peut en avoir parcouru plusieurs États. Il n'est donc pas étonnant que notre économie soit attachée à celle des États-Unis par mille liens, et en dépende à bien des égards. Il n'est donc pas étonnant non plus qu'une partie de notre histoire démographique soit marquée par l'immigration vers les États-Unis. Si on consulte les bottins téléphoniques de nombreuses villes de la Nouvelle-Angleterre, on y trouve une abondance de noms canadiens-français. Beaucoup de familles québécoises ont des « cousins » américains, qu'ils les connaissent ou non. Par cette voie, la culture américaine est entrée dans nos familles avant qu'elle n'y pénètre par le cinéma, la télévision, la chanson et la musique. Par exemple, dans son livre *Le Type économique et social des Canadiens, Milieux agricoles de traditions françaises*, qui date de 1938, le premier sociologue québécois, Léon Gérin, raconte les allées et venues d'une famille dont une partie habitait aux États-Unis et était devenue américaine, tandis qu'une autre partie revenait au Québec ou faisait des allers-retours entre le Québec et les États-Unis.

C'est aussi un fait que la vie scientifique québécoise est liée à la civilisation américaine. Autrefois, la vie universitaire québécoise était beaucoup plus orientée vers l'Europe, la France ou l'Angleterre. Mais, progressivement, nous nous sommes tournés vers les États-Unis, surtout après la Seconde Guerre mondiale, et notre vie universitaire est maintenant étroitement liée à la vie universitaire américaine. La plupart de nos diplômés, je le constate en regardant les CV de ceux qui présentent leur candidature à des postes universitaires, sont allés faire leurs études supérieures aux États-Unis. Et l'ambition de plusieurs de nos collègues est de publier dans des revues dites internationales, c'est-à-dire américaines.

Notre vie universitaire a connu d'autres liens avec les États-Unis. Par exemple, quand je repense à la période de la contestation étudiante des années 1960 et 1970, dans la rhétorique de ces contestations, on utilisait assez souvent l'exemple de la France, on invoquait mai 1968. Mais, en réalité, les liens étaient nombreux avec la contestation américaine, qui était beaucoup plus près de nous, plus accessible, et en pleine ébullition. L'inspiration venait du sud autant qu'elle traversait l'Atlantique, du moins dans les mouvements de jeunes à ce moment-là.

Mais en même temps, je dirais que nous sommes liés à cette civilisation américaine parce que nous avons à nous en défendre constamment, parce qu'elle nous envahit, par ses médias en particulier, et de plus en plus. Cela m'a souvent amené à dire que, pour nous en tout cas au Québec, la meilleure source de défense et de contestation de la civilisation américaine, c'est souvent chez les Américains qu'on la trouve, beaucoup plus que chez les Européens. Les meilleurs critiques de la civilisation américaine, ce sont des Américains, principalement des intellectuels américains, qu'ils soient universitaires, journalistes, producteurs de cinéma ou autres. La critique la plus profonde et la plus pertinente des États-Unis ou de la civilisation américaine, c'est vraiment chez eux que je la trouve.

■ *Sommes-nous suffisamment au courant de ce qui se passe aux États-Unis ?*

Non, sûrement pas. On n'en connaît que la surface, c'est le moins intéressant. Mais on ignore trop la vie intellectuelle et culturelle américaine. Par ailleurs, nous sommes au Québec moins antiaméricains que bien des Canadiens anglais, chez qui il y a un fond d'antiaméricanisme bien compréhensible. Il y a chez nous un attrait pour la vie américaine, accompagné d'une méconnaissance de tout ce que l'on peut tirer des États-Unis, en particulier des intellectuels américains. Je le regrette parce que nous nous privons d'une source intellectuelle très importante, mais je dirais aussi spirituelle, car il y a une richesse spirituelle chez les contestataires américains.

■ *Dans vos travaux, on note cet intérêt pour la civilisation américaine, mais on constate aussi que vous affirmez la nécessité d'assurer l'indépendance culturelle du Québec dans le contexte nord-américain. À telle enseigne que, dans l'un de vos textes, vous écriviez que « la seule raison valable de défendre et de promouvoir la francophonie en Amérique, c'est l'espoir qu'elle réalise une communauté humaine et sociale dotée d'une certaine originalité et présentant quelque chose de différent des États-Unis ».*

Une façon de se défendre, de se protéger contre l'envahissement de la culture américaine, c'est de souligner notre originalité en Amérique du Nord, celle qui permet d'assurer l'indépendance culturelle du Québec. Par exemple, je crois que nous n'avons pas la même manière de vivre le travail que l'Étatsunien. Le *work addiction* rencontre ici de la résistance. Ce qui caractérise la culture québécoise est un meilleur équilibre entre le plaisir de vivre et la réalisation de soi dans le travail. Quand on a vécu aux États-Unis quelque temps, on se rend compte combien nous sommes différents à cet égard.

Je crois aussi que nous avons une vision plus communautaire qu'individualiste de la vie collective et une moindre valorisation de la hiérarchie sociale, de la hiérarchie du succès. Par exemple, on n'aimerait pas avoir ici une hiérarchie des universités et des *colleges*. Là-bas, on considère normal qu'il en soit ainsi. Dans tous les grands États américains, on sait très bien qu'il y a les universités pour les élites, puis les deuxièmes et les troisièmes universités, et les universités de couleur, les *Black colleges*. On a ici un sens de l'égalité qui est beaucoup plus marqué qu'aux États-Unis.

Et puis, le principe de vie américain, c'est le principe du succès personnel. Ceux qui ne réussissent pas, c'est de leur faute. Et cela explique bien des choses, y compris les politiques sociales américaines, en tout premier lieu leur système de santé basé sur un régime d'assurances graduées selon la richesse. Ça m'a pris un certain temps à le comprendre, quand j'ai vécu aux États-Unis. Cela est très profondément ancré dans la mentalité américaine, dans les valeurs américaines. Ton succès, tu ne le dois qu'à toi-même. Ceux qui n'en ont pas, c'est parce qu'ils n'ont pas fait l'effort pour en avoir, donc ils méritent leur sort.

■ *Lorsque vous abordez la question de la culture, celle de la langue n'est jamais très loin. Langue et culture font partie d'un tout dans l'édifice culturel québécois. Par ailleurs, dans vos écrits, il n'a pas été beaucoup question du rôle joué par la société civile.*

C'est vrai, pas assez. C'est que j'ai été accaparé par l'action de l'État avec la politique linguistique, la législation linguistique. Donc j'ai peut-être été un peu trop absorbé par le rôle que l'État a voulu jouer et par le rôle qu'un parti politique a confié à l'État pour la promotion et l'instauration de la francisation du Québec. Mais j'ai essayé de me reprendre un petit peu dans l'introduction que j'ai rédigée pour l'ouvrage publié en 2005 par le Conseil supérieur de la langue française, *Le Français au*

Québec, Les nouveaux défis. À la fin de cette introduction, si je me souviens bien, je revenais sur l'importance pour l'État de s'appuyer sur une société civile consciente et active.

En réalité, lorsque le gouvernement du Québec a dû, à différents moments, légiférer en matière de langue, lorsqu'il a accepté de le faire, il l'a fait parce que des éléments de la société civile l'y poussaient. Ce n'est pas de lui-même que l'État s'est engagé dans les politiques linguistiques. C'est parce que des mouvements dans la société civile l'invitaient, et même l'obligeaient à le faire. Ce n'est pas l'État qui a engendré la crise de Saint-Léonard. C'est un groupe de citoyens qui a voulu instaurer un nouveau régime linguistique dans les écoles de la commission scolaire à Saint-Léonard. On peut considérer que cette intervention a été un déclencheur dans la société civile de tout un mouvement auquel l'État a été obligé de répondre par différentes législations.

Il est vrai que j'aurais peut-être dû être plus attentif à cette interdépendance de l'action de l'État et de la société civile, et à l'influence de certains mouvements de la société civile sur les actions de l'État. Les législations linguistiques successives n'ont pas été le fruit d'une action spontanée de l'État. Elles furent vraiment une réponse que l'État québécois a dû progressivement apporter à des mouvements qui se faisaient sentir et à des états de crise répétés qui ont marqué l'histoire linguistique du Québec depuis le milieu des années 1960 jusqu'à la fin des années 1970. Cela est vrai aussi bien de la loi 101 que des autres législations linguistiques. Sans la préparation qui s'était faite dans l'opinion publique, chez les mouvements nationalistes comme au sein du Parti québécois, la loi 101 n'aurait pas été possible.

■ *La législation linguistique a permis une amélioration remarquable du statut du français au Québec dans l'espace public, que ce soit dans les milieux de travail, en matière d'affichage ou dans la fréquentation scolaire. Pour plusieurs, les objectifs visés par la loi 101 ont été atteints. Partagez-vous ce point de vue ?*

Je suis d'accord avec le fait que la loi 101 a apporté d'importants changements, c'est vrai. C'est certain que, par exemple, ceux que l'on peut appeler les « enfants de la loi 101 », c'est une réalité. C'est peut-être le changement majeur que la loi 101 a pu réaliser au Québec. Le flot des immigrants vers l'école anglaise a été endigué et réorienté vers l'école française, pour la majorité de ces enfants en tout cas.

En revanche, dans le monde du travail, c'est seulement partiellement vrai, parce qu'il continue à échapper aux politiques linguistiques québécoises. La loi 101 s'applique aux grandes entreprises, et la francisation, c'est uniquement dans ces grandes entreprises qu'on la trouve. Mais dans les petites et moyennes entreprises, la loi 101 n'a pas d'effet. Or, c'est dans ces dernières que beaucoup d'immigrants vont travailler. Il y a là, donc, une partie de la structure économique qui échappe à l'action de la loi 101 et de l'Office de la langue française.

On ne peut pas dire que l'objectif de la francisation du milieu de travail, un objectif prioritaire, soit parfaitement atteint. Même dans les grandes entreprises, les comités de francisation ne sont que partiellement actifs, et un bon nombre sont carrément inactifs, malheureusement. Et, n'eût été l'action syndicale, la volonté d'un certain nombre de dirigeants syndicaux, ces comités de francisation n'auraient pas vraiment fonctionné. Malheureusement, on ne donne pas à ces comités, pourtant essentiels, l'aide et les outils nécessaires pour être vraiment efficaces. Les comités de francisation dans les entreprises comptent beaucoup sur le bénévolat des travailleurs et sur leur passion pour la francisation des entreprises. Et ce n'est pas donné à tout le monde. Dans les milieux de travail, il est certain que la situation du français est encore largement problématique.

Malgré ce que nous venons de dire, le statut du français a évidemment gagné beaucoup parce que la législation a établi le français comme la langue officielle du Québec, ce qui a obligé à un certain nombre de changements. Mais cela reste fragile, parce que l'attraction pour l'anglais demeure tellement forte. Je crains toujours qu'à un moment donné tombe un jugement des tribunaux qui rouvre la porte au droit au libre choix de l'école. Cette législation québécoise a imposé, non seulement aux immigrants, mais aussi à nous, Québécois francophones, une contrainte énorme que nous acceptons : celle de ne pas pouvoir envoyer nos enfants à l'école primaire et secondaire de langue anglaise. Nous nous sommes imposé cette règle. Je dirais que c'est la majorité qui se trouve la plus contrainte. On pense toujours aux immigrants qui sont obligés d'aller à l'école française, mais on ne fait pas état du fait que la majorité francophone est aussi tenue d'aller à l'école française. Donc, je crains toujours l'intervention des tribunaux, qui seront tentés d'utiliser les chartes pour modifier, dans un sens individualisant, ce qui a été fait dans une perspective d'avenir collectif. Le problème permanent, c'est la faiblesse juridique d'une intention collective en regard des droits de la personne, maintenant devenus la religion juridique dominante.

■ *Lorsque la Cour a statué que l'affichage unilingue français violait certaines libertés individuelles, comment avez-vous réagi ?*

Ma réaction a été de me dire qu'une fois de plus les intentions, les motifs de la Charte de la langue française étaient frustrés et contrariés par les tribunaux. Dans l'esprit de la loi 101, l'affichage en français était essentiel pour affirmer concrètement que le Québec est une nation de langue française. L'affichage disait et rappelait aux yeux de tous le visage français du Québec. Un important témoin de l'identité collective du Québec était balayé du revers de la main, toujours au nom de droits individuels. J'en ai été choqué. On a assisté cette fois encore à l'érosion de la loi 101. On l'a affaiblie dans l'affichage, on laisse se multiplier les raisons sociales unilingues anglaises. On risque toujours de revenir au libre accès à l'école anglaise. Les tribunaux québécois et canadiens n'ont jamais agi pour renforcer cette Charte de la langue française, ils n'ont fait que l'affaiblir.

Par ailleurs, je dirais que la loi 101 a plus mauvaise presse à l'extérieur du Québec qu'ici. La minorité anglophone et les autres communautés non francophones du Québec l'ont mieux acceptée que ce qu'on entend dire à l'extérieur du Québec, que ce soit dans le reste du Canada ou en Amérique du Nord, et même parfois en Europe. Dans le monde anglo-saxon, cette loi continue à avoir mauvaise réputation. On l'associe à un non-respect des droits individuels et à une sorte de quasi-fascisme. Je crois qu'il y a une importante différence entre la perception de cette loi au Québec par les non-francophones et celle qui règne à l'extérieur du Québec.

■ *Quel fut l'impact de la loi 101 sur le processus de bilinguisation du Québec?*

Le Québec s'est longtemps défini lui-même, et a été considéré par le reste du Canada comme la province bilingue, et la seule. On sait très bien que ce bilinguisme a servi le statut de l'anglais plutôt que celui du français. Or la loi 101 a marqué la fin de cet état des choses, en promulguant le français comme la seule langue officielle et en instaurant une série de mesures pour mettre en pratique cette définition. Bien sûr, je ne parle pas du bilinguisme des personnes, qui est même encouragé, mais du bilinguisme institutionnel, de l'État québécois et du bilinguisme des milieux de travail. En réalité, il n'était même pas bilingue, notre milieu de travail. Il y avait une telle domination de l'anglais. Je n'en revenais pas, quand on a fait la loi 101, de voir combien nos travailleurs de langue française travaillaient entourés d'anglais dans les usines. Tout ce qui était affiché, que ce soit sur les machines, sur les tableaux, même si c'était pour la sécurité du travailleur, c'était rarement en français. On sait combien les conventions collectives étaient truffées d'anglais, quand encore elles étaient rédigées en français. C'était souvent un mélange de français et d'anglais incroyable. À telle enseigne que des griefs d'arbitrage étaient souvent plaidés en anglais.

Heureusement qu'un juriste comme notre ami Robert Auclair, ancien juge au Tribunal du travail, a créé en 1986 l'Association pour le soutien et l'usage de la langue française (ASULF), qui a entrepris une campagne extraordinaire pour la francisation des conventions collectives d'abord, puis en faveur de la francisation en général. Et l'ASULF continue à être toujours sur la brèche. C'est un mouvement très important pour appuyer, dans la société civile, l'application de la loi 101. Cela est d'autant plus important que, contrairement à ce que nous avions espéré, l'attraction de l'anglais est plus forte qu'en 1977, et la tendance à la bilinguisation du Québec est toujours présente.

■ *L'appel lancé en 2002, dans un texte paru dans L'Action nationale, à corriger la dissymétrie entre langue et culture pour affirmer la priorité de la culture française au Québec ne risque-t-il pas d'être interprété comme un retour à un nationalisme ethnique qui se cache derrière un paravent culturel ? Cela reviendrait-il à officialiser le statut d'une seule culture au Québec ?*

C'est l'éternel soupçon qui pèse sur le projet d'un Québec français. Nous devons sans cesse nous justifier, nous défendre contre le préjugé que nous pratiquons un nationalisme dit ethnique. Vous avez raison de le rappeler. Pourtant, il n'y a rien de plus normal dans le fait que la culture d'une nation soit avant tout fondée sur la langue et la culture de la majorité. C'est ce que l'on observe dans tous les pays du monde, y compris le Canada. La notion d'un nationalisme ethnique implique évidemment l'exclusion des autres. Or vouloir que ce soit la culture de la majorité de langue française qui marque le caractère distinctif du Québec n'est pas un refus de l'Autre. Cette affirmation culturelle peut et doit s'accompagner de la reconnaissance de l'existence et de la contribution des autres cultures. Il n'y a pas non plus en cela un jugement sur la supériorité d'une culture par rapport aux autres. Je crois que nous avons appris cela il y a longtemps déjà et que nous le pratiquons assez bien au Québec.

C'est cependant pour renforcer la réalité du Québec français que je crois nécessaire de repenser la politique linguistique et la politique culturelle dans un ensemble, dans une même politique. C'est la faiblesse pour notre législation linguistique d'exister indépendamment de la culture québécoise de tradition française. Quand je relis les documents qui ont précédé la loi 101, et en particulier ce qui s'appelait à l'époque le Livre blanc, la présence de la culture de tradition française y est beaucoup plus affirmée, et le lien entre la langue et la culture y est beaucoup plus marqué que dans la législation qui a suivi la loi 101. Si on veut vraiment maintenir cette législation linguistique et lui donner un sens et une efficacité, il faut la lier davantage à la culture commune. Il y a là une responsabilité de l'État, mais je dirais surtout des mouvements sociaux, des journalistes, des intellectuels, de tous ceux qui peuvent être des porte-parole.

Le respect de la langue passe par le respect d'une culture dont cette langue est l'expression. À trop détacher la langue de la culture, on affaiblit l'attraction de la langue française. Si nous avons du mal à convaincre les immigrants d'adopter le français, c'est que la langue française ne leur paraît pas liée à une culture valorisante et valorisée. Et c'est ainsi qu'on n'entend jamais dire : on apprend le français parce que ça nous ouvre à une culture. C'est une grande faiblesse de notre situation linguistique. Nous n'avons pas développé une assise culturelle solide pour la politique linguistique. C'est pour cela d'ailleurs, à mon sens, que la menace d'érosion pèse toujours sur la loi 101.

■ *Il faudrait donc que le Québec développe une politique culturelle complémentaire à la politique linguistique, ce qui ne semble pas être le cas.*

Effectivement, et je peux dire que Camille Laurin avait une conception de la législation linguistique qui était très culturelle. Cela se voyait dans ses discours et dans ses politiques. La conception que Laurin avait de la culture était très large. En tant que sous-ministre de Laurin, j'ai dû travailler avec plusieurs autres ministères à analyser l'impact de la politique culturelle dans leurs activités, que ce soit les transports, l'industrie, l'agriculture, la jeunesse et le sport, etc. C'était une préoccupation bien plus étendue que celle de la seule langue. Parce que, dans l'esprit de Laurin, il y avait une unité entre la langue et la culture.

■ *Si vous étiez ministre de la Culture, quels sont les domaines dans lesquels vous nous inciteriez à investir collectivement ?*

Nous n'avons pas besoin d'inventer un modèle. Il existe : je reprendrais le Livre blanc sur la politique culturelle de 1978.

■ *Que reste-t-il du fait religieux dans la culture québécoise ?*

Vous me posez une bien grande question, et je ne pourrai y répondre que superficiellement. La réalité religieuse est complexe et appelle beaucoup de nuances. Vous avez raison de le rappeler, le fait religieux fait partie de la culture québécoise, par suite de la forte présence de l'Église catholique, mais aussi du protestantisme tout au long de notre histoire.

Revenons un peu en arrière. Quand j'avais vingt ou trente ans, le fait religieux était concrètement visible dans les costumes des communautés religieuses. Par exemple, je me souviens que, quand j'étais étudiant, puis jeune professeur à l'Université Laval, le père Lévesque portait toujours sa soutane blanche, le père Gonzalve Poulin sa soutane de franciscain, l'abbé Gérard Dion sa soutane noire, le frère Clément Lockwell nous enseignait avec sa bavette des Frères des écoles chrétiennes. Tout cela dans les salles de cours à l'université. Et nous avions des consœurs qui étaient religieuses et portaient leurs costumes, de même que des confrères prêtres. Tout cela est disparu si vite. Si bien qu'aujourd'hui, on peut côtoyer des prêtres, des religieux et des religieuses dans l'autobus, dans le métro, dans nos salles de cours, sans le savoir, parce qu'il n'y a plus rien qui les distingue. Ils cherchent eux-mêmes à éviter de se distinguer. Rares sont ceux chez les prêtres qui portent le col romain. Il y a donc eu une rupture de mœurs très importante. Une rupture dans les conduites, et dans les valeurs. Maintenant, ce sont les autres religions qui sont devenues visibles. Les juifs hassidiques sont visibles. Quand je les regarde, je me rappelle les costumes de nos communautés religieuses, et je me dis que ceux qui n'étaient pas catholiques devaient regarder ces costumes avec beaucoup d'étonnement. D'ailleurs, je peux dire que même des catholiques s'en moquaient à l'occasion, et parfois publiquement.

Chez ces prêtres, entre la soutane et le vêtement laïque,

le port du col romain a été une étape intermédiaire. Ainsi, pendant les travaux de la commission Parent, j'ai rarement vu monseigneur Parent en soutane, encore moins avec son ceinturon rouge. Déjà il portait un costume laïque, avec le col romain. Je me souviens que nous avons voyagé ensemble, lui et moi, en URSS. Nos interlocuteurs n'avaient jamais vu ce genre de tenue, mais ne posaient pas de questions. Pour eux, c'était quelqu'un qui avait décidé de porter un tel costume, en guise de cravate. À la fin du séjour, l'interprète qui nous accompagnait tout le temps m'a demandé pourquoi j'appelais cet homme monseigneur : « Est-ce qu'il est propriétaire de vastes domaines ? » m'a-t-elle demandé. Je lui ai expliqué qu'il n'avait aucun domaine, mais qu'il était un prêtre catholique. Elle n'en revenait pas. C'était le premier prêtre catholique qu'elle voyait de sa vie.

La majorité des jeunes Québécois et Québécoises d'aujourd'hui n'en savent pas plus sur la religion que notre interprète soviétique. Mais, en même temps, ce qu'on sent chez beaucoup de jeunes, c'est une inquiétude devant ce vide, une envie à l'endroit de ceux qui connaissaient l'histoire religieuse, les dogmes religieux, la morale religieuse, etc. Je pense que cela fait partie des représentations intergénérationnelles : les jeunes voient les aînés comme sachant des choses sur la religion qu'eux ne savent pas. Ce qui me frappe, c'est qu'il y a chez eux, grâce à cela, un certain besoin de savoir. Un peu comme chez les Amérindiens, où les jeunes voient les aînés comme étant ceux qui détiennent des connaissances qu'eux n'ont plus.

Que reste-t-il ? Je pense qu'il reste des éléments religieux dans la morale, dans la conception morale de la vie, dans notre préoccupation pour l'éthique. La préoccupation éthique s'est multipliée au cours des dernières années : on a l'éthique dans l'entreprise, l'éthique du monde des affaires, l'éthique dans les professions, l'éthique de la recherche scientifique, une éthique imbue de la morale judéo-chrétienne. Je pense qu'il reste aussi une nostalgie d'une vie religieuse qui était plus communautaire.

■ *Les mœurs et les conduites religieuses ont-elles été remplacées par une nouvelle spiritualité ?*

Ce que je vois chez beaucoup de jeunes, c'est une spiritualité qui est maintenant altermondialiste. Au lieu de partir en mission dans une communauté religieuse de missionnaires, comme ils l'auraient probablement fait il y a quarante ans, ils s'en vont en mission laïque. Ils vont aider des populations et se retrouvent souvent dans des conditions beaucoup plus difficiles que les missionnaires d'autrefois, qui, eux, vivaient dans leurs communautés, où ils pouvaient se retirer et n'être pas sans cesse plongés dans la population locale autochtone. Il y a donc une spiritualité missionnaire qui fait encore partie de l'éthos des jeunes Québécois. Ce n'est pas propre aux jeunes Québécois, mais c'est propre à leur génération. Cela, est-ce que c'est un relent de la spiritualité judéo-chrétienne ? C'est difficile à dire, mais c'est certainement un comportement que je qualifierais de spiritualisé, parce que c'est un comportement qui est inspiré, motivé par un sens de la fraternité humaine, tel que celui que l'on pratiquait dans la religion lorsqu'on croyait à l'importance de la rédemption du monde par la communauté des chrétiens.

Chapitre 4

L'ÉDUCATION

■ *Vous avez souvent dit qu'une sociologie de l'éducation permet de mieux comprendre la société. Que nous enseigne le système d'éducation actuel sur la société québécoise ?*

Le système d'éducation d'un pays est certainement l'ensemble d'institutions qui est le plus directement lié, et de multiples façons, à la structure et à la dynamique d'une société, d'un pays, d'une nation. Bien plus que le système de santé, bien plus que le système judiciaire. L'éducation est directement en lien avec la famille, les classes sociales, la structure économique, la créativité intellectuelle et culturelle, la démocratie et son évolution. À cause de cela, la sociologie de l'éducation nous permet d'avoir un regard privilégié sur la société qu'on analyse. Et cela d'une double manière, en ce sens que, d'une part, le système d'éducation nous parle de la société d'aujourd'hui, mais, du même coup, il nous ouvre la porte sur ce que cette société sera ou pourrait être, étant donné que le système d'éducation est porté sur l'avenir. C'est la relève, ce sont les adultes de demain qui sont à l'école ou à l'université. Ce sont les futurs leaders à qui on enseigne dans nos classes. Ceux qui feront la société de demain sont sur les bancs d'école. Je pense souvent à cela quand je suis devant mes étudiants. J'ai fait l'expérience de voir de mes anciens étudiants devenir mes patrons, soit comme hommes politiques, soit comme hauts fonctionnaires, soit comme recteur de l'université. Dans ce sens-là, je dirais que l'analyse d'un système d'éducation, vu d'un point de vue sociologique ou anthropologique, ou du point de vue des politiques sociales, nous ouvre une perspective à la fois sur le présent d'une société et sur son avenir.

Pour répondre d'une manière plus précise à votre question, notre système d'éducation est le reflet de la société québécoise telle qu'elle s'est dessinée au cours des dernières décennies. Apparaît d'abord un Québec qui s'est démocratisé dans ses grandes structures sociales et dans sa mentalité ; le système d'éducation en a été une des causes. Mais en même temps qu'il chemine vers cette égalité, le système d'éducation demeure celui d'une société de classes, toujours économiquement et culturellement inégalitaire, mais dominée par la mentalité de la classe moyenne. C'est aussi l'école d'une société qui a traversé une importante phase de déchristianisation ; l'école en a connu tous les effets en même temps qu'elle l'a révélée. La présence et l'apport de l'immigration au Québec se vivent intensément dans le milieu scolaire, de la maternelle à l'université, et à cet égard l'écart entre Montréal et le reste du Québec est très frappant. Enfin, la mentalité de consommation, caractéristique de notre temps, s'y est solidement installée.

■ *De quelle manière voyez-vous l'appétit de consommation marquer sa présence dans le milieu scolaire québécois ?*

Il se manifeste dans l'orientation de plus en plus utilitaire et instrumentaliste dans laquelle nous nous sommes engagés au cœur du système d'éducation. Et cela parce que règne ici — comme dans le monde entier en ce moment — un climat que j'appellerais, pour être un peu méchant pour mes collègues, un climat « économiste ». Ce qui fait que les thèmes dominants en éducation, ce sont la réussite, la performance, l'appréciation des compétences. Tout un langage s'est développé, axé sur la productivité d'une société, dans ce qu'on appelle désormais l'économie du savoir. L'éducation est instrumentalisée au service d'une société qui est en concurrence permanente sur le plan économique. Concurrence d'abord entre les membres de la société, et puis avec les autres sociétés et les autres civilisations. Cette pensée est dominante et elle règne sur le système d'éducation d'aujourd'hui. Elle apparaît dans ce que les parents attendent du système d'éducation, et dans ce que les étudiants eux-mêmes nous demandent de plus en plus. Remarquez que ce n'est pas nouveau, mais c'est une question d'accent, on met maintenant l'accent sur la réussite.

Bien sûr, le système d'éducation, depuis que j'en suis l'évolution, c'est-à-dire depuis près de cinquante ans, ne peut pas ne pas être orienté vers la réussite des élèves et vers la prospérité économique d'une société moderne. Former la main-d'œuvre répond aux exigences du marché du travail et au bien-être général. Mais la finalité humaniste du système d'éducation, et allons plus loin, tout l'aspect spirituel, dans le sens général du terme, est beaucoup moins présent.

Pourtant, en réalité, le système d'éducation et les enseignants portent la responsabilité de donner un sens à nos vies. Quand l'enseignement était dispensé dans des écoles publiques religieuses ou confessionnelles, le sens qu'on lui attribuait était polarisé par le « surnaturel », ce qu'en anglais on appelle « *other-worldly orientation* », par opposition à « *this worldly orientation* ». L'enseignement des matières, quelles qu'elles soient, s'inscrivait dans un plan divin, que les élèves devaient connaître, transmettre et apprendre à respecter. L'école publique se laïcisant, elle n'est plus la porteuse du sens religieux, surnaturel, de la vie humaine. Ce vide favorise la montée des attentes utilitaires, qui étaient présentes autrefois, bien sûr, mais enveloppées dans la prédominance de la signification surnaturelle de la destinée humaine. Dans ce contexte, l'humanisme, comme contrepoids à l'utilitarisme, prend plus que jamais son sens profond, qui est la valorisation de ce qui fait le propre de l'être humain : son intelligence. Dans la personnalité globale de chaque personne, c'est plus particulièrement à son intelligence que l'enseignement s'adresse. Dans le monde moderne, être instruit est devenu la principale obligation qu'on a envers soi-même, c'est même une voie essentielle de réalisation de soi. Par conséquent, à mon avis, une question vraiment fondamentale se pose : quel sens le fait de s'instruire a-t-il pour chacun ? Quelle signification cela a-t-il dans nos vies ? Je pense que nous sommes à la recherche du sens que notre vie peut trouver dans le fait de savoir, de savoir de plus en plus, de pénétrer dans le monde du savoir, de participer et de contribuer par le savoir à la culture commune et à la vie sociale.

■ *Exiger que l'accent soit mis sur des questions de sens, de significations, de valeurs, c'est exiger des maîtres qu'ils ne participent pas à la frénésie autour de la notion d'efficacité ou de l'aspect utilitariste de l'école. Cela exige que les enseignants restent en dehors des idéologies dominantes.*

Vous avez parfaitement raison. Je considère qu'un système d'enseignement devrait toujours être un peu en marge de la société parce qu'il est orienté vers l'avenir. Un système d'enseignement, dans son ensemble, de la maternelle à l'université, est un des vecteurs importants du changement social. Que le système d'enseignement soit à contre-courant dans une culture et une société, qu'il soit en marge, je crois que cela fait partie de sa fonction, de sa mission. Cette trame-là, on la retrouve dans toute l'histoire du système d'enseignement.

Dans le corps enseignant d'aujourd'hui, il y a bon nombre de professeurs à tous les niveaux qui ont cette conscience que nous devons contrer l'orientation instrumentaliste et utilitariste, chez les parents, chez les étudiants, chez les décideurs politiques et économiques, et essayer de leur faire voir autre chose. Je le constate autour de moi. Mais je constate aussi que ce n'est pas eux qui donnent le ton au discours dominant. Il n'est pas toujours facile de faire passer son message quand on est à contre-courant de la culture hégémonique.

■ *La mission de l'école ne change pas vraiment au fil du temps. Elle est de transmettre des savoirs, mais aussi de socialiser les individus et de leur apprendre à vivre avec d'autres, à se projeter vers l'avenir. Cette mission traverse le temps. La mission de l'école vous apparaît-elle la même que celle sur laquelle vous réfléchissiez dans le cadre de la commission Parent ?*

Cette mission de l'école que vous décrivez bien demeure la même, en effet. C'est celle que la commission Parent a voulu expliciter et enrichir. La Commission a proposé comme objectif de mettre en place un système d'enseignement de grande qualité, répondant aux besoins individuels et collectifs d'une société moderne, et de le rendre accessible à tous selon les aptitudes et intérêts de chacun.

Aujourd'hui, quarante ans plus tard, nous avons encore comme défi de réaliser ce projet. Et c'est loin d'être facile. Je pense bien que nous l'avions prévu. Mais c'est peut-être même plus difficile que nous avions pensé. Et cela, pour une raison fondamentale : c'est la première fois dans l'histoire de l'humanité que l'on entreprend, par l'école, d'instruire et de socialiser des générations entières. Dans la longue histoire de l'humanité, la majorité des enfants étaient socialisés par la famille, par la communauté, par le travail, pas par l'école.

L'école n'était accessible qu'à un petit nombre. Aujourd'hui, le défi, c'est le grand nombre, l'éducation de masse, et ce défi est inouï. C'est pour y répondre qu'on procède par réformes progressives et successives. Quand j'essaie de comprendre les projets de réforme qui ont suivi le rapport Parent, je vois que c'est toujours le même grand projet que l'on s'efforce de mieux réussir, bien qu'à travers des discours qui varient : maintenir un système d'enseignement ouvert à tous sans abaisser le niveau des exigences.

Ce défi, il se présente à nous différemment suivant les contextes historiques. Ainsi, en 1960, le défi était de faire entrer tous les jeunes dans les institutions d'enseignement à tous les niveaux, de leur ouvrir grandes les portes du secondaire, du collégial, de l'université. Aujourd'hui, le défi est de les retenir, de les garder aux études. Je remarque que toutes les réformes récentes adoptent le même point de départ : la lutte au décrochage. Notre système souffre d'un important taux de décrochage aux niveaux du secondaire, du collégial et même de l'université. Un décrochage qu'on apprécie différemment, car les chiffres peuvent varier, mais avec lequel nous sommes toujours aux prises. Le décrochage est en quelque sorte une sonnette d'alarme : il nous dit que nous sommes toujours loin d'avoir réalisé le projet de l'accès de tous à l'école. Quelque chose nous échappe, puisque tant de garçons, tant de filles ne vont pas au bout de leurs études. Pourquoi ? Qu'est-ce qui fait qu'on ne réussit pas ? Il faudra en reparler tout à l'heure.

■ *Dans le rapport Parent, et dans ce que vous avez écrit à son sujet, vous avez souligné l'importance et la diversité de la culture intellectuelle, qui doit reconnaître la variété des aptitudes, d'où l'idée de polyvalence. Nous avons oublié la genèse de la notion de polyvalence, qui est souvent associée à l'édifice scolaire plutôt qu'à l'esprit qui devait l'animer.*

Pour moi, le cœur du rapport Parent, c'est justement cette idée de la polyvalence. Quand j'ai l'occasion ou l'obligation de relire une partie du rapport Parent, je me rappelle nos quelques idées phares. La première était que le système d'enseignement est d'abord et avant tout fait pour les étudiants, et non pas pour les programmes ou pour les structures. Cela paraît bien simple, c'est une telle évidence ! Mais c'est une des idées les moins bien réalisées dans notre système d'éducation, où l'on pense surtout programmes et structures avant de penser à l'étudiant. La deuxième idée phare, c'est qu'il y a chez les jeunes une pluralité de goûts, d'aptitudes et de talents. Et, donc, une pluralité de cultures doit être possible. En même temps, quand on regarde ces jeunes, on se rend compte qu'ils ne suivent pas une trajectoire linéaire. L'adolescent, l'étudiant évolue et change d'orientation parce qu'il découvre les choses progressivement. L'évolution linéaire, loin d'être la norme, est plutôt l'exception. À cause de cela s'est révélée progressivement à nous l'autre idée phare, à savoir qu'il fallait un système d'enseignement souple, qui sorte des rigidités et des cloisons qui le contraignaient alors. Avant le rapport Parent, le système scolaire était fait de parties détachées, isolées les unes des autres, et entre ces parties détachées il y avait peu de passerelles.

■ *Pouvez-vous expliquer de quoi il s'agit au juste, pour moi qui n'ai pas connu ce système ?*

Prenons l'exemple d'un garçon qui abandonnait le cours classique après trois ans ; il avait fait trois ans sur huit. Il n'était admis nulle part dans le système scolaire. Il était trop âgé pour revenir en septième année, à l'école primaire ou secondaire. Il n'avait pas les prérequis pour être admis dans une école technique ou professionnelle supérieure. Il n'y avait pas de passerelles entre le collège classique et le reste du système d'enseignement. L'ensemble du système était ainsi très cloisonné. Un autre exemple : après la neuvième année du cours Lettres et sciences pour les filles, un certain nombre d'entre elles optaient pour ce que nous appelions à l'époque des instituts familiaux, qui les préparaient à leur rôle de mère et de ménagère. Elles faisaient deux années, qui correspondaient à la dixième et la onzième année. Mais après l'institut familial, si elles voulaient aller plus loin, entrer à l'université, on leur disait que leur onzième année n'équivalait pas à une vraie onzième année et qu'elles devaient recommencer.

On avait construit des structures sans faciliter les choses pour les jeunes qui devaient les habiter. Or, malheureusement, on sait que le taux de décrochage des collèges classiques était très élevé. Il était d'à peu près de 75 % à l'époque. C'était un parcours long et difficile. Il fallait passer à travers le latin, le grec, l'histoire depuis l'Antiquité, étudier les sciences, aborder la philosophie. Ce n'était pas facile. Il y avait un certain nombre de jeunes, avec un certain esprit, qui réussissaient à compléter ce parcours intellectuel. Mais il y avait des jeunes dont les intérêts, les goûts, l'esprit ne correspondaient pas à cela. J'ai le souvenir de camarades qui ont commencé le cours classique et que j'ai vus disparaître les uns après les autres. Ils se retrouvaient sur le marché du travail sans préparation, démunis et risquant de l'être toute leur vie. C'était donc un régime fait de cloisons. L'idée de la polyvalence était destinée à assouplir un tel système d'enseignement, pour rendre les passages non seulement faciles, mais ouverts. Et où en même temps on ne privilégiait pas nécessairement une culture plus qu'une autre. Ce qui était le cas autrefois, quand on privilégiait la culture des humanités gréco-latines en premier, la culture scientifique en deuxième, puis en troisième la culture technique.

L'idée de la polyvalence était fondée sur le respect des

différentes cultures, des différents goûts, des différentes aptitudes des jeunes. L'école polyvalente devait donc être une école dans laquelle chacun pouvait faire des choix qui n'étaient pas définitifs, qui pouvaient être refaits. Et, pour cela, il fallait établir la polyvalence dans une même institution d'enseignement. Il fallait aussi que cette institution soit garnie d'ateliers divers autant que de classes. Ce sont ces exigences qui nous ont amenés à proposer le regroupement de toutes les institutions d'enseignement secondaire et collégial dans une même institution qui est l'école secondaire polyvalente et, au postsecondaire, le collège d'enseignement général et professionnel, le cégep. On a réussi à faire ce regroupement, mais le projet d'une authentique polyvalence, malheureusement, est encore à réaliser. C'est peut-être une utopie, mais comme toute utopie on doit essayer de réussir.

Je suis persuadé que, si on avait fait ce qu'il fallait pour que les écoles secondaires soient vraiment et réellement polyvalentes, le taux de décrochage, dont nous parlions tout à l'heure, serait bien inférieur. Trop de garçons et de filles, de garçons surtout, s'ennuient en classe, n'y trouvent ni intérêt ni motivation. Beaucoup des décrocheurs seraient restés à l'école s'ils avaient pu se réaliser dans des travaux d'atelier, tout comme certains évitent le décrochage grâce à leur participation à des équipes sportives. C'est cela, respecter la diversité des talents et la diversité des voies d'accomplissement dans un système d'éducation de masse. Ce qui a été le pire à mon avis, ce fut de passer du substantif à l'adjectif substantivé, de parler d'une polyvalente et non d'une école de la polyvalence. Tout est dans la sémantique. On a des écoles prétendument polyvalentes sans vraiment beaucoup de polyvalence.

Une des exigences de la polyvalence qu'on n'a pas réalisée, c'est la mise en place d'un système de conseillers pédagogiques, de tuteurs. La polyvalence ne pouvait pas se réaliser sans qu'on instaure ce régime d'aide et d'accompagnement, à la fois pour les jeunes et leurs parents, pour les conseiller dans les choix à faire. On l'a fait, mais de manière très mécanique, en se contentant d'offrir des cours d'orientation. Il aurait fallu que le rôle joué par les conseillers d'orientation soit plus important, que le suivi des étudiants soit constant et permanent. J'ai vécu une année en Californie, mes enfants ont fréquenté des écoles secondaires qui étaient vraiment polyvalentes, où il y avait un système efficace de conseillers pédagogiques. C'est là que j'ai bien vu que ce que nous avions proposé, ce tutorat, était une exigence essentielle pour la réussite de la polyvalence. Et, comme nous ne l'avons pas instauré, on a du même coup condamné la polyvalence, parce que celle-ci suppose une attention individualisée aux besoins de chaque élève. Si cela avait été réalisé, nous n'aurions pas le taux de décrochage que nous connaissons.

■ *Il y avait aussi cette idée de ne pas dévaloriser le savoir technique au détriment du savoir général. Ce que vous proposiez, c'était une révolution culturelle dans la mesure où vous alliez à l'encontre de ce qui avait toujours été valorisé par le système des collèges classiques.*

Le rapport Parent proposait que tous les enfants, tous les élèves, aient une certaine formation technique obligatoire. C'est une donnée essentielle de la polyvalence, cette intention de revaloriser la formation technique, autant dans le système d'enseignement que dans l'esprit de chaque enfant et de chaque parent. Et la manière de la valoriser, c'est d'éviter de la détacher de la formation générale, d'insister pour que l'entraînement technique fasse partie intégrante de la formation générale. En Union soviétique, j'avais visité des écoles secondaires où non seulement la formation technique était intégrée à la formation générale, mais tous les élèves devaient participer à des travaux dans des milieux de travail extérieurs à l'école. Dans le monde communiste soviétique de l'époque, l'entreprise industrielle devait accepter de recevoir des jeunes et assumer une fonction éducative. Dans le monde capitaliste, c'est beaucoup plus difficile à réaliser. Mais c'était l'intention de la polyvalence.

■ *La polyvalence est aussi liée à la notion de démocratisation. Vous écriviez en 1989 que « si l'on veut la démocratisation de notre système d'enseignement, il faudra revenir à la véritable notion de polyvalence et l'instaurer au secondaire et au collégial, même à l'université ». Quel lien faites-vous entre démocratisation et polyvalence ?*

Démocratiser un système d'enseignement, c'est assurer l'égalité des chances d'accès à l'enseignement pour tous. C'est ne défavoriser aucun talent chez aucun individu. Pour réaliser un tel projet, il faut que le système d'enseignement soit décloisonné et souple, respectueux de tous les talents et de tous les rythmes d'apprentissage. C'est précisément l'intention de la polyvalence. Celle-ci permet par exemple à des jeunes dont le départ est plus lent de retarder les choix définitifs, ou de se réorienter, de passer du général au professionnel ou inversement, sans changer d'établissement. Ainsi, la polyvalence permet de valoriser autant les orientations techniques que les orientations générales. Dans ce sens-là, il y avait un lien étroit entre le projet d'un système scolaire démocratisé et l'instauration de la polyvalence. Au fond, l'égalité des chances fait partie de l'intention de justice sociale qui doit inspirer un système d'enseignement. Un système d'enseignement qui n'est pas axé sur la justice va contribuer à reproduire les inégalités culturelles et sociales.

■ *Lorsque, dans le discours public, il est question de démocratisa-*
tion, il est surtout question d'accès à l'éducation, de scolarisation
de la masse des jeunes, contrairement à la scolarisation que per-
mettaient les collèges classiques.

Derrière l'idée de démocratisation, il y avait bien sûr une préoccupation démographique. Mais elle portait aussi le projet
d'une démocratisation culturelle, dans le sens où une véritable démocratisation du système d'enseignement suppose
une transformation de la mentalité, l'acceptation, la reconnaissance et la valorisation de diverses cultures intellectuelles,
une attitude antihiérarchique. Une des tendances de fond de
tous les systèmes d'enseignement, c'est de se hiérarchiser,
de prioriser certaines cultures, évidemment la culture d'une
élite, aux dépens d'autres, et on est toujours en train de reproduire ou de reconstruire des hiérarchies. Si on veut vraiment
un système d'enseignement qui soit démocratique, il faut qu'il
soit fondé sur une mentalité de justice sociale. Pour qu'il y ait
égalité des chances, il faut qu'il y ait inégalité des moyens. Il
faut que plus de moyens soient donnés à ceux qui ont moins
de ressources. C'est la logique de la rationalité d'une politique
vraiment démocratique de l'enseignement dans nos sociétés
modernes. Ce n'est pas la politique dominante, je dois le dire.
C'est pourtant celle vers laquelle il faudrait aller, bien qu'à
contre-courant.

■ *Vous mentionniez aussi souvent l'importance de transmettre*
une culture civique pour former les citoyens. Cela vous semble-t-il
pris suffisamment en considération aujourd'hui ?

Instruire et socialiser, cela résume assez bien la mission de
l'école. Mais, qu'on le fasse ou non, cela se produit de toute
manière. Le milieu scolaire est un milieu de socialisation, on

ne peut pas y échapper. Ce qui est important, c'est qu'on le fasse de manière consciente avec un projet de civisme particulier. L'école non seulement produit des gens qui seront instruits, mais elle prépare les citoyens de l'avenir. Cependant, je me souviens que, quand je militais dans l'Action catholique, dans les années 1940, en tant que collégien puis comme dirigeant, le thème principal de la JEC était que le milieu scolaire dans lequel nous vivions était un milieu social réel et important. Nous ne sommes pas que les futurs citoyens, nous sommes déjà les citoyens d'aujourd'hui, les citoyens de notre école. À cette époque-là, la JEC allait à l'encontre de ce que nous entendions dire dans nos collèges classiques et dans les écoles secondaires : « Vous êtes les citoyens de l'avenir. » Nous leur répondions que nous étions aussi et déjà les citoyens d'aujourd'hui. Nous disions : ce qui est important pour aujourd'hui, c'est de nous assurer que l'école est un milieu de vie intéressant, un milieu de vie productif pour tous, un milieu de vie qui se respecte lui-même et dans lequel on se respecte. C'est dans cet esprit de civisme du milieu scolaire que la JEC développait ce qu'on appelait des services étudiants. On apprenait, à travers différents services que les jeunes organisaient eux-mêmes — un journal de collège, des jeux, la liturgie —, à assumer une responsabilité dans et pour son milieu. Aller à l'école, ce n'est pas uniquement aller à des cours. Pour moi, cela est toujours resté la définition du milieu scolaire : un milieu de vie du présent. Et cela est vrai aussi bien de l'université que de l'école primaire. L'étudiant, l'élève est dans un milieu de vie du présent, et il lui faut vivre dans le présent tout en ayant une perspective d'avenir. C'est dans ce sens-là que le milieu scolaire et le milieu de l'enseignement sont des lieux de formation au civisme et à la citoyenneté. Surtout si on définit la citoyenneté sous l'angle de la participation dans nos sociétés démocratiques, la participation aux décisions collectives, quel que soit le niveau de participation.

Cela s'apprend. La démocratie vivante sera faite de citoyens qui se donnent la peine de participer aux décisions qui se prennent en leur nom. Et cela commence dans le milieu scolaire.

■ *On peut difficilement ne pas parler de la place qu'occupe maintenant le secteur privé en éducation. Vous souligniez déjà que l'enseignement privé ne « contribue pas à abaisser les cloisons socioéconomiques et [à] favoriser la circulation des talents », mais plutôt « à donner aux inégalités sociales un caractère irrémédiablement héréditaire ». L'ampleur qu'a prise le secteur privé est aussi le résultat du choix que vous avez pris de maintenir un système privé qui se voulait complémentaire au secteur public. Quel était le véritable rôle de l'enseignement privé à la lumière des recommandations du rapport Parent ?*

Le rapport Parent était axé sur la valorisation de l'enseignement public. Nous avions ressenti le besoin de laisser à l'enseignement public la place centrale qui lui revient dans une société démocratique, ce qui n'était pas le cas dans le système scolaire de langue française. Dans le système scolaire anglais du Québec, il n'y avait pas l'équivalent de toutes nos écoles privées. Les anglophones ont cru à leur secteur public. Je dirais même qu'ils en sont fiers, et avec raison. La culture canadienne-anglaise au Québec, et dans le reste du Canada d'ailleurs, était différente de la culture canadienne-française à cet égard. Nous avons été aux prises, pendant les travaux de la Commission, avec le problème que notre système d'enseignement de langue française s'était construit en valorisant le privé. Nous ne pouvions pas éliminer le privé. Nous aurions pu proposer, comme le voulaient certains membres de la commission Parent, de rendre le secteur privé vraiment privé, comme c'est la pratique dans beaucoup de pays, où ceux qui veulent aller vers l'enseignement privé se le payent. Dans la plupart des pays occidentaux, l'enseignement privé est aux frais des parents. Mais nous ne sommes pas allés aussi loin dans le rapport Parent.

Nous avons eu de très longues discussions sur le sort à faire au secteur privé de l'enseignement, au primaire, au secondaire, au collégial et aussi au niveau universitaire. Nous étions divisés. Quand je relis le chapitre du tome que nous avons consacré aux « établissements privés et semi-publics », je retrouve le sentiment de malaise dans lequel nous l'avons écrit. Tout notre rapport avait comme objectif d'enclencher une réforme dont la finalité était de remplacer un régime atomisé d'institutions mal agencées les unes aux autres par un système unifié, organique et harmonieux. Ce sont les termes que nous avons employés. Dans ce projet, que faire avec le secteur privé, qui en 1964 représentait quelque 1 550 établissements, d'une grande variété ? Nous ne pouvions que constater qu'au Québec le système scolaire ne peut se passer des établissements privés. Nous avons aussi accepté qu'ils soient subventionnés à même les fonds publics. Mais je crois que nous étions bien conscients que, ce faisant, nous laissions subsister et se perpétuer une fracture dans le projet d'un système unifié.

Nous avons tenté de nous en tirer en insistant sur l'idée que les établissements privés ne seraient subventionnés qu'à condition qu'ils répondent aux « exigences de la réforme pédagogique », en particulier celle de la polyvalence. Nous n'aurions pas accepté que le secteur privé devienne le concurrent du secteur public aux niveaux secondaire et collégial, comme il l'est devenu, avec des critères d'admissibilité qui vont à l'encontre du projet de l'égalité d'accès à l'éducation. Nous avons proposé de garder un réseau privé en partie subventionné par l'État, mais à condition qu'il soit « complémentaire », et non concurrentiel. C'était cependant ouvrir une porte à la concurrence, et c'est ce que des membres de la commission Parent craignaient. Le fossé allait rapidement s'élargir étant donné le fort lobby du secteur privé de l'enseignement et la tradition québécoise francophone.

■ *Qu'est-ce qui vous empêchait de maintenir le secteur privé sans le financer ?*

Certainement le poids historique dont je viens de parler, et que le rapport rappelait d'ailleurs. Un grand nombre des institutions privées appartenaient à notre conception traditionnelle du rôle restreint de l'État en matière d'éducation et de celui, plus important, dévolu par ailleurs à l'Église catholique. Certains de ces établissements privés étaient porteurs d'un prestige historique : c'était le cas des collèges classiques et des universités, qui n'étaient que privés. Ce qui illustre bien l'importance historique du privé, c'est que tous les membres de la Commission, sauf un, appartenaient professionnellement à des institutions privées. Et nous avions tous été formés dans des institutions privées. Je pense que les commissaires francophones gardaient un respect de l'institution privée que n'avaient pas nos collègues de langue anglaise. Ces derniers nous laissaient en discuter entre nous. Lorsque je cherche encore la vraie raison, je ne la trouve pas vraiment ailleurs. Il en découlait la crainte que nous avions de provoquer trop de réactions négatives, dans une société qui était encore trop respectueuse des institutions privées. Déjà, nous avions le sentiment que nous demandions beaucoup à beaucoup d'institutions privées lorsque nous les invitions à devenir partie prenante d'une école secondaire polyvalente ou d'un cégep. Nous demandions cela aux instituts familiaux, aux collèges classiques, à des écoles normales et professionnelles qui étaient tous privés. Quant aux écoles et aux collèges qui allaient décider de demeurer privés, nous leur imposions d'être liés au secteur public. C'est pour ça qu'on disait : si l'institution accepte vraiment d'être logiquement et institutionnellement complémentaire du secteur public, elle peut être financée par l'État.

■ *Votre vision de la place et du rôle du secteur privé n'est de toute évidence pas celle qui a été retenue dans la suite de votre rapport.*

Dans l'année qui a suivi la fin des travaux de la commission Parent, le ministre de l'Éducation, Jean-Jacques Bertrand, a mis en place une commission consultative en vue de légiférer sur la place, le rôle et le financement de l'enseignement privé. Les principes et les recommandations du rapport Parent ont servi de guide au départ. Les travaux ont duré plus d'un an pour aboutir à la Loi sur l'enseignement privé de 1968 et aux règlements de 1969. Ces mois ont été déterminants : on a assisté à un éloignement progressif de l'esprit et des recommandations du rapport Parent. C'est à ce moment-là que l'on a mis de côté l'exigence de la polyvalence pour le secteur privé, de même que la participation des institutions privées à la planification régionale du système d'enseignement. Je me rappelle que cette évolution a été vivement critiquée par la journaliste Lysiane Gagnon, entre autres. L'histoire de cette évolution, qui va depuis le rapport Parent jusqu'à 1990, a été très bien racontée et analysée par une de mes anciennes collaboratrices, Myriam Simard, dans un ouvrage qui mérite d'être encore lu : *L'Enseignement privé, 30 ans de débats* (Montréal/ Québec, Éditions Thémis/IQRC, 1993). Elle y décrit clairement la dérive vers de plus en plus d'ouverture à l'endroit de l'enseignement privé. Cette dérive, je l'ai vue s'accentuer sans arrêt, et elle continue, si bien que l'enseignement privé occupe un espace toujours plus grand dans notre système d'enseignement et est devenu un concurrent de l'enseignement public, ce que la commission Parent n'a jamais voulu. Toutes les intentions de la Commission ont été dévoyées de cette manière. En 1993, Myriam Simard pouvait conclure que l'enseignement privé subissait la concurrence du secteur public. Mais depuis lors, c'est l'inverse qui s'est produit.

C'est grave parce que l'on fait peser sur l'enseignement public des obligations que l'enseignement privé n'a pas la responsabilité d'assumer. Pourquoi ? Parce que c'est finalement l'enseignement public qui hérite des problèmes de l'enseignement. Premièrement, l'enseignement privé peut se libérer des élèves présentant des problèmes scolaires parce qu'il peut ne pas les admettre ou les expulser. Il n'a pas l'obligation de garder les élèves, comme c'est le cas du secteur public. Deuxièmement, il n'a pas non plus l'obligation de la polyvalence, et donc de l'inclusion de l'enseignement technique. Les exigences les plus lourdes retombent sur l'enseignement public. À cause de cela, l'enseignement public de langue française a vu sa réputation aller en déclinant. Le prestige de l'enseignement public, contrairement à ce qu'on a voulu, a baissé.

À la suite de la commission Parent, j'ai observé un changement de mentalité au Québec. Le rapport Parent avait gagné un point important. On avait revalorisé l'enseignement public. J'ai beaucoup de souvenirs de cela. Lorsqu'on a voulu créer les cégeps, j'ai eu à visiter un certain nombre de collèges, j'ai participé à des réunions dans différentes régions où l'on cherchait à regrouper le collège classique, l'école normale, l'institut familial et les écoles professionnelles. J'ai été témoin, de la part des enseignants et des directeurs, d'une attitude de respect pour l'enseignement public. Je les entendais dire : nous acceptons d'intégrer notre collège classique parce que nous considérons que c'est une question de démocratisation ; pour démocratiser le système d'enseignement, il faut que l'accent soit mis sur l'enseignement public. Je ne vois plus cette valorisation aujourd'hui, bien au contraire. Je trouve cela lamentable, je trouve cela très grave. Au primaire, mais surtout au secondaire et au collégial, nous avons encouragé un système d'éducation à deux vitesses, comme on le dit pour les services de santé. Pire encore, c'est le secteur privé financé par des fonds publics qui a pris le dessus. Le message passe bien : dans la population québécoise de langue française, l'enseignement privé est considéré de meilleure qualité que l'enseignement public. Si on veut que son enfant réussisse, il faut l'envoyer dans une école privée. Ou dans une école publique qui calque son programme sur ceux des écoles privées.

■ *Vous avez soutenu que le défi était de conserver, sinon de revenir à un enseignement public qui soit aussi un enseignement de qualité (qui n'abaisse pas les standards, qui soit novateur, qui ne soit pas considéré comme inférieur à l'enseignement privé). La situation que vous décrivez présentement est plutôt inverse.*

C'est en effet le grand défi. L'enseignement public, au secondaire surtout, s'efforce de relever ce défi. J'ai beaucoup d'admiration pour les enseignants du secteur public, qui ne jouissent pas des infrastructures que le secteur privé peut se permettre. Cependant, ce que je vois, c'est que le secteur public cherche à se valoriser en imitant le secteur privé, en développant des sections privilégiées.

C'est là qu'on assiste à une dérive et qu'on est en train de reconstruire des silos isolés l'un de l'autre. Je ne considère pas que ce soit un pas en avant. Personnellement, je crois que, progressivement, nous sommes une fois de plus revenus, avec un système d'enseignement public qui n'est plus considéré comme étant ce vers quoi on doit aller, là où nous en étions en 1960, avec un secteur privé en expansion. On a réintroduit et encouragé la discrimination et, par conséquent, des inégalités dans notre système d'enseignement, et on en verra les conséquences sociales. Le décrochage en est une, cela me paraît évident, malgré ce qu'en prétendent les tenants du secteur privé.

■ *Les inégalités auxquelles vous faites référence sont sûrement différentes de celles qui avaient été observées par la commission Parent.*

Dans l'ensemble, pas tant que ça. En 1960, nous avions constaté de grandes inégalités économiques. On en a corrigé un certain nombre. Il y avait en particulier des inégalités économiques entre les commissions scolaires à l'époque. Celles-ci s'autofinançaient à même la taxe foncière locale. Il y avait donc des commissions scolaires riches et d'autres pauvres. Par exemple, sur un petit territoire comme Outremont, il y avait en 1960 trois commissions scolaires : la commission scolaire pauvre de Sainte-Madeleine, la commission scolaire plus riche de Saint-Viateur et la commission scolaire très riche de Saint-Germain. Pour les jeunes qui voulaient poursuivre des études supérieures, il n'y avait pas de système public de prêts et bourses. Mais il y avait une sorte de système informel de bourses, ce qui fait que les collèges classiques de l'époque ne recrutaient pas que des enfants de familles riches. Le collège classique recrutait aussi des enfants qui bénéficiaient de l'aide de bienfaiteurs. Il y avait en particulier des curés qui aidaient les enfants de certaines familles de leur paroisse, parce que le petit garçon était brillant en classe et qu'il avait été remarqué par les enseignants. Et des curés amenaient aussi des notables à aider les jeunes de leur paroisse dont la famille n'avait pas d'argent. Mais il restait un très grand nombre de garçons qui auraient pu et dû être au collège et qui n'y étaient pas. C'est évidemment ce qui se produit avec un système fondé sur la générosité spontanée, qui est une forme d'arbitraire et source d'inégalités. Il faut cependant se souvenir que la plus flagrante des inégalités d'avant 1960 était celle qui existait entre les garçons et les filles. Seules les filles de familles riches et bourgeoises pouvaient espérer faire des études supérieures. Il y avait une soixantaine de collèges classiques pour les garçons, et vingt pour les filles. Je le dis souvent : les filles ont été les grandes gagnantes des réformes des années 1960 et 1970, c'est-à-dire de l'instauration d'un système public et gratuit. Des correctifs ont donc été apportés pour réduire les inégalités sociales d'autrefois.

Mais ces correctifs restent toujours insuffisants pour contrer l'effet des inégalités économiques et culturelles de notre société. Ces inégalités, on les retrouve partout sur le territoire. Mais elles sont peut-être plus visibles dans une ville comme Montréal ; si on passe d'un quartier à un autre, on voit bien les différences de niveau de vie. Passer de l'ouest à l'est, c'est passer d'un monde économique et culturel à un autre. C'est la même chose dans les régions : il y en a qui sont plus favorisées que les autres. Notre société continue à être une société inégalitaire, et notre système d'enseignement continue à avoir un côté inégalitaire qui, finalement, tend à reproduire des inégalités. Bien sûr, un certain nombre de choses ont changé. Mais les inégalités qui ont préoccupé les réformateurs des années 1960 et 1970, ces inégalités culturelles et économiques de fond, elles sont toujours là.

■ *Vous ne seriez donc pas opposé à la constitution d'une nouvelle commission d'enquête dont le mandat porterait sur une nouvelle réforme du système d'éducation ?*

En effet, si j'étais ministre de l'Éducation, je créerais une commission d'enquête sur les inégalités qui prédominent dans le système d'enseignement et qui sont antidémocratiques. Ce devrait être le mandat d'une telle commission : revoir, dans cette perspective, le rôle de l'enseignement privé et de l'enseignement public, l'idée de la polyvalence, les mesures à prendre pour que les milieux défavorisés bénéficient de plus de moyens que les autres. Le mandat ne porterait pas d'abord sur les structures, non plus sur les programmes. On y a travaillé, beaucoup de choses ont été faites. Mais il faudrait réactualiser la mission de démocratisation de l'enseignement qu'on est en train de perdre de vue.

■ *La question des inégalités occupe une place importante dans votre réflexion, je dirais presque aussi importante que la nécessité de démocratiser, de rendre accessible le système d'éducation.*

Oui, il s'agit d'un seul et même problème. C'est-à-dire que l'objectif de la démocratisation tel que je l'entends, c'est certainement de minimiser le plus possible les écarts entre les couches les mieux nanties et les plus défavorisées de la population. Pour ma part, je conçois le système d'éducation comme un des vecteurs qui sont en mesure de minimiser ces inégalités sociales. Mais, en même temps, il y a toujours une réalité du système d'éducation qui consiste en la reproduction des inégalités sociales. C'est le paradoxe d'un système d'éducation dans nos sociétés contemporaines : être à la fois facteur d'égalité et facteur d'inégalité. Le système d'éducation sert certainement de canal de mobilité sociale. Et, au Québec, ça a été le cas pour ma génération et pour la génération qui m'a suivi. Beaucoup de jeunes Québécois sont passés soit du milieu rural, soit du milieu ouvrier, soit d'un milieu de petite bourgeoisie, à un niveau professionnel, sont devenus des hommes et des femmes d'affaires ou ont occupé des professions libérales. Mais, en même temps, le système d'éducation continue

à creuser les écarts ; probablement à cause de son intention même, il pose des exigences culturelles, et pas seulement
économiques. Il y a des couches de la population qui sont
culturellement défavorisées, et c'est dans ces couches de la
population que se reproduisent ce que l'on peut appeler des
infirmités sociales. Cela me préoccupe toujours.

Disons que j'ai été sensibilisé à ce problème dans la commission Parent. La Commission nous a tous sensibilisés à ces
inégalités, que nous découvrions au fur et à mesure de nos
travaux : inégalités entre garçons et filles, entre les villes et les
campagnes, entre les commissions scolaires riches et les commissions scolaires pauvres, entre les quartiers bourgeois et les
milieux défavorisés de Montréal. Je suis resté marqué pour
toujours par cette préoccupation. D'autant plus que je me suis
senti une responsabilité : je suis des rares qui ont bénéficié du
système d'enseignement d'autrefois, ce qui m'a permis d'avoir
une vie intellectuelle que j'ai trouvée riche pour moi et les
miens.

■ *J'ai été fasciné par le texte que vous avez publié en 1963 et qui
portait sur la sociologie de l'éducation dans l'œuvre de Léon Gérin.
Vous y souligniez qu'une sociologie de l'éducation reflète les préoccupations que l'on retrouve dans la société globale. Mais, écriviez-
vous, une sociologie de l'éducation ne peut faire abstraction d'une
sociologie de la famille et du milieu du travail. Comment voyez-
vous l'intersection entre la famille d'aujourd'hui et le système de
l'enseignement ?*

Aux niveaux primaire et secondaire, le système d'éducation
est lié à la famille. La famille est un acteur important, et cela,
à bien des égards, parce que le climat culturel de la famille
et sa richesse économique sont deux facteurs qui, on le sait,
influencent les enfants dès le début de l'école primaire, et

même bien avant. La famille est un facteur de succès ou d'échec scolaire dont on ne peut pas ne pas tenir compte. À cause de cela, le lien entre la famille et l'école, au niveau primaire surtout, est un lien qui a toujours besoin d'être refait, d'être repensé. Et d'être repensé d'une manière qui n'est pas universelle, mais qui tient compte des différences dans les conditions de vie. Ce lien-là, par exemple, entre l'école et les familles, n'est pas le même selon qu'on est dans un milieu bourgeois ou dans un milieu défavorisé. Dans un milieu défavorisé, l'école a un rôle éducatif non seulement avec les enfants mais aussi auprès des parents. Le système d'enseignement doit convaincre certains parents de l'importance à accorder à l'éducation et, au besoin, doit compenser leurs carences. Et puis l'école est parfois obligée de compenser pour des parents qui, pour une raison ou une autre, ne sont pas assez présents à la maison pour l'enfant, dans les milieux bourgeois tout autant que dans les autres, sinon plus. Enseignants et parents doivent entretenir un dialogue qui peut être de nature à dissiper les stéréotypes réciproques et les préjugés que l'on rencontre chez les parents, et en particulier le préjugé utilitaire. L'école a de toute évidence la responsabilité d'un travail éducatif auprès des familles de toutes classes sociales. Donc, c'est de cette manière qu'il y a intersection, comme vous dites, entre l'école et la famille.

Je ne sais pas si c'est plus facile d'enseigner dans les milieux favorisés. On trouve une réceptivité dans les milieux populaires qui peut être réconfortante pour les enseignants. Cela m'amène cependant à dire que l'école de milieux défavorisés devrait être plus favorisée que l'école de milieux bourgeois. À cet égard, je dirais que la justice dans le système scolaire, ce n'est pas l'égalité. Les écoles de milieux défavorisés devraient être les mieux nanties en équipements physiques et culturels, en cafétérias, en enseignants d'expérience. Ce n'est pas toujours le cas. Quand on visite les écoles, on se rend compte que, dans les milieux défavorisés, les immeubles scolaires sont malheureusement souvent les moins agréables. L'esthétique du bâtiment, de l'environnement et de la cour d'école devrait être plus soignée dans les écoles des milieux défavorisés. La tendance naturelle, c'est de favoriser ceux qui semblent le mieux apprécier, à nos yeux, l'enseignement. Il faut donc constamment être en garde contre cette tendance-là et, au contraire, aller en sens inverse. Pour réaliser l'égalité d'accès à l'enseignement, il faut instituer l'inégalité, c'est la règle de la justice. C'est très clair dans le système d'enseignement.

■ *Quelles sont les inégalités auxquelles le système d'éducation devrait s'attaquer d'abord et avant tout ?*

L'inégalité économique certainement, qui est en même temps une inégalité culturelle. Les deux vont de pair. Dans la société québécoise, il ne faut pas se le cacher, il existe, comme dans toutes les autres sociétés du monde, de graves inégalités économiques. Il y a des milieux défavorisés importants dans une grande ville comme Montréal, mais aussi en région. Je crois que les facteurs économiques influencent en particulier les garçons. On se demande pourquoi les garçons décrochent davantage que les filles. Je crois que les conditions culturelles, financières et physiques des différents milieux de vie les affectent tout particulièrement.

■ *L'école est parfois blâmée pour ce problème ; on lui reproche de mettre de l'avant un mode d'acquisition des connaissances qui favorise davantage les filles que les garçons.*

Vous avez raison. J'ai entendu des enseignants du niveau primaire ayant une longue expérience dire que les garçons devraient commencer une année après les filles. Les garçons mûrissent plus lentement. Et puis, les garçons, on le voit dans nos familles, ont un besoin de plus d'activités physiques que les filles. Ils bougent plus, ils s'agitent davantage. Il est très probable qu'ils souffrent plus en classe que les filles, d'être assis et d'être contraints à cette discipline. On reste perplexe devant ce phénomène de la différence de succès des garçons et des filles. Pendant la commission Parent, c'était l'inégalité dans l'accès aux études dont souffraient les filles qui nous préoccupait. Aujourd'hui, c'est le sort des garçons qui nous inquiète. La situation est complètement inversée. Les filles non seulement ont rejoint les garçons, mais elles les ont dépassés dans l'ensemble du système. Je crois que les garçons auraient été les principaux bénéficiaires de la polyvalence, et pas seulement ceux des milieux défavorisés.

■ *Dans un texte au titre évocateur que vous avez publié en 1968, « Le droit à l'éducation », vous citiez l'étude de deux sociologues (Tremblay et Fortin) qui, en 1964, concluaient : « Tant et aussi longtemps que l'instruction continuera à être définie en termes strictement utilitaires dans la population salariée, le niveau de scolarité s'élèvera très lentement d'une génération à l'autre. […] L'incapacité à supporter les dépenses indirectes, le besoin d'un gain supplémentaire, la pression du milieu et l'absence d'une tradition intellectuelle ou humaniste généralisée sont autant de facteurs qui vont maintenir l'écart entre le comportement et la norme, en détournant les jeunes de l'école. » Qu'est-ce qui vous semble avoir changé depuis ce constat formulé il y a plus de quarante ans maintenant ?*

Ce texte de Marc-Adélard Tremblay et Gérald Fortin date de 1964, au moment des travaux de la commission Parent, alors qu'on se préoccupait précisément de rendre le système d'enseignement beaucoup plus accessible à tous, quels que soient la région, le sexe, le statut socioéconomique et culturel des familles. Et c'est la même préoccupation qui doit toujours nous inspirer, nous motiver, contre la permanente tendance à définir l'instruction en termes utilitaires, comme vous le dites. Qu'est-ce qui a changé ? À mon avis, la tendance à l'instrumentalisation de l'instruction s'est accentuée. Elle est devenue l'axe principal de la culture néolibérale, dominante aujourd'hui. Et cette tendance continue à défavoriser les enfants de familles moins fortunées et à jouer au profit des familles mieux économiquement et culturellement nanties. Depuis 1964, ce qui a changé, c'est qu'on relie maintenant, bien plus qu'alors, l'enseignement à l'économie du savoir, selon l'expression qui fait fortune. Or l'économie du savoir creuse toujours davantage le fossé entre les très instruits et les moins instruits. On le constate : l'écart grandit entre les riches et les pauvres, et on ne peut qu'y voir une conséquence inéluctable de l'économie du savoir. Celle-ci se fonde sur l'activité de production des plus instruits, qui en bénéficient le plus en retour. Le système d'enseignement a toujours contribué à créer et à reproduire les inégalités sociales. Avec l'économie du savoir dominante à la fois comme réalité et comme idéologie, c'est encore le cas. Ainsi, au cœur du système d'enseignement moderne et démocratique se trouve une tension, une contradiction qui lui est inhérente : on le veut accessible à tous dans l'égalité, et en même temps on l'entretient dans sa fonction d'inégalisation sociale. On trouve la même tension, la même contradiction entre la mentalité utilitariste et les attentes intellectuelles ou humanistes.

■ *Pour contrer cette tendance à l'utilitarisme, il est question de valoriser une tradition intellectuelle ou humaniste. De quoi s'agit-il au juste ?*

L'humanisme, conçu comme une vision globale de l'être humain, peut comporter bien des dimensions, qui ne sont d'ailleurs pas les mêmes d'une civilisation à l'autre, d'une époque à l'autre. Dans le monde d'aujourd'hui, une composante essentielle de l'enseignement est le respect de l'intelligence, qui est à la fois consommatrice et créatrice de savoir. Pour moi, ce sont toujours là les deux aspects essentiels de l'intelligence. Et ce respect de l'intelligence se manifeste par le désir et l'entretien de la curiosité. J'enseigne depuis plus de cinquante ans, et ce que je trouve le plus difficile, ce n'est pas de transmettre de la connaissance, mais de créer et d'entretenir, chez les étudiants, la curiosité intellectuelle. C'est la fonction de l'enseignement qui est la plus importante, à mon avis, parce qu'une partie de ce que l'étudiant absorbe comme matière sera oubliée. Mais ce qui restera, c'est le goût de continuer à apprendre, le goût de chercher. Dans la tradition humaniste, le respect de l'intelligence s'exprime par un goût, un désir, un besoin d'aller toujours plus loin, de poursuivre. C'est ce qui permet d'élargir constamment son champ de savoir plutôt que de le limiter, comme c'est trop souvent le cas, surtout maintenant, chez les professionnels, qui ont beaucoup investi dans une formation et qui sont enfermés dans leur monde. À mon sens, la tradition humaniste invite à élargir son horizon intellectuel au-delà de sa profession, de sa discipline scientifique, de son métier, de son champ de savoir et d'activité. Et comme aujourd'hui les fenêtres sur le monde sont tellement plus nombreuses et plus ouvertes qu'autrefois, je pense que cette tradition humaniste doit plus que jamais persister. Quand on pense aux grands intellectuels qui ont vécu avant nous, nos ancêtres intellectuels, Montaigne ou Voltaire, Tocqueville ou Marx, on se rend compte que c'étaient des hommes qui avaient une vaste culture et s'ouvraient sur le monde.

■ Le savoir appliqué est beaucoup valorisé aujourd'hui. C'est aussi vrai à l'université. Y a-t-il un appétit pour un savoir qui alimenterait cette tradition intellectuelle ?

Il n'est pas question de dévaloriser le savoir appliqué, loin de là. D'ailleurs, bien des connaissances scientifiques ont eu leur source, leur origine dans le savoir appliqué. Et cela, parce que certains le pratiquaient avec une curiosité intellectuelle qui les incitait à rompre la routine. C'est l'attitude d'esprit dans le savoir qui est importante, c'est le désir toujours entretenu d'échapper à l'enfermement intellectuel.

Autour de moi, j'observe qu'il se trouve des étudiants qui gardent une curiosité pour autre chose que leur discipline, pour la philosophie, pour l'histoire, pour les arts par exemple. C'est peut-être une minorité. Je ne sais pas si c'est une minorité importante. Je ne suis pas en mesure de l'apprécier. Mais ce sont ces étudiants qui font la preuve qu'il y a une tradition intellectuelle qui demeure vivante. Une curiosité qui leur vient parfois de leur famille, de l'information et des nouvelles ressources qu'elle offre, qui leur vient aussi en partie du système d'éducation, de cours qu'ils ont suivis, de maîtres qu'ils ont eus au secondaire ou au collégial. C'est souvent ce que j'entends de la part de ces jeunes. Ils me parlent de l'influence qu'un professeur a eue dans leur vie, parce qu'il ne leur enseignait pas que la physique ou la biologie, mais il ouvrait des portes sur l'histoire de la physique ou de la biologie, ou de quelque autre discipline.

■ Dix ans après la commission Parent, on vous retrouve au sein d'un autre groupe d'études qui, au milieu des années 1970, publie un ouvrage sous l'égide du Conseil franco-québécois pour la prospective et l'innovation en éducation. Vous vous interrogiez sur le vaste thème de l'école de demain. Vous constatiez que l'école

s'inscrivait, à ce moment-là, dans ce que vous appeliez le « paradigme industriel ». Maintenant que nous qualifions nos sociétés de postindustrielles, est-ce que ce paradigme est toujours présent dans la façon dont on conçoit l'éducation ?

C'est intéressant que vous me rappeliez cet ouvrage, qui s'intitulait *Écoles de demain ?* et qui date de 1976. C'est une période dont je me souviens avec beaucoup de plaisir. Le ministère de l'Éducation s'intéressait à l'innovation en éducation et véhiculait l'idée qu'il y avait sûrement quelque part, dans les systèmes d'éducation du monde, des « porteurs d'avenir », des écoles et des expériences qui étaient porteuses d'avenir. Il fallait les repérer et s'en inspirer pour contrer l'influence du paradigme industriel. Ces écoles porteuses d'avenir, nous croyions à ce moment-là qu'elles se fondaient sur un modèle de société qui devrait être plus humaniste, moins marqué par l'obsession de la productivité et de la performance. Et il y avait une part d'espoir dans cette idée prospectiviste. C'est dans cet esprit que le ministère de l'Éducation du Québec a réussi à convaincre le ministère de l'Éducation de France qui, je dois dire, était plus conservateur que notre ministère à cette époque-là, de créer une mission franco-québécoise chargée d'explorer des lieux d'innovation et de prospective en éducation. J'ai fait partie, avec une équipe formidable, de cette aventure, qui a duré quelques mois. Une équipe française et une équipe québécoise ont travaillé ensemble. Quand on lit l'ouvrage qu'elles ont produit, on se rend cependant compte qu'il est divisé en deux : les deux équipes n'ont pas pu s'entendre sur un rapport commun et ont fait chacune le leur. C'est qu'en réalité l'équipe française ne partageait pas notre philosophie sociale de l'école, notre critique de la pédagogie traditionnelle et notre goût d'innovation. Notre équipe était formée par Yves Martin, sous-ministre à l'époque, qui avait recruté des personnes ayant en commun cette idéologie de l'innovation et de la prospective en éducation, et qui étaient sensibles à la critique du paradigme industriel.

Ce qu'on décrit dans cet ouvrage comme étant le paradigme industriel, c'est un ensemble de conditions de la société moderne qui sont axées sur la productivité, sur la compétitivité, la performance, l'individualisme et la préparation au marché du travail avant tout. Il correspond à ce qu'on vit dans nos sociétés depuis la révolution industrielle, cette grande révolution dont on ne sortira peut-être jamais, qui fait que nous sommes dominés par le marché, « le » marché sous toutes ses formes : marché de la consommation, du travail, de la production, etc. Il est évident que le système d'éducation moderne doit son développement à la préoccupation du marché et de la prospérité. Il est vrai que le système d'éducation est un important facteur de développement économique. Mais il ne doit pas être que cela. Comme la tendance est dans ce sens-là, nous l'avions appelée la domination du paradigme industriel.

■ *Quels types de savoirs sont associés à ce paradigme industriel ?*

Ce ne sont pas certains savoirs en particulier. C'est la mentalité, l'attitude, l'intention avec lesquelles le savoir est recherché, inventé, transmis qui fait le paradigme industriel. Cela s'applique autant dans les sciences sociales et humaines que dans les sciences de l'ingénierie ou de la gestion. C'est ce qu'on voit bien dans les orientations que les gouvernements canadien et québécois donnent à la recherche universitaire, avec les priorités qu'on nous impose, dans lesquelles on nous encadre ; ces priorités sont très généralement inspirées par la perspective du développement économique et l'obsession de la place de notre pays sur le marché international, dans le contexte de la concurrence scientifique, économique, industrielle et technologique internationale. On le voit aussi dans les médias, quand on fait état de découvertes. C'est toujours une découverte très technique, très technologique, que ce soit en médecine, en chimie, en ingénierie, etc. C'est vraiment comme cela que l'on présente les avancées scientifiques.

■ *Dans* Écoles de demain ?, *la section qui porte sur le paradigme industriel se voulait critique. Vous vous proposiez de remplacer cette approche dominante par une autre.*

Ce que nous avons entrepris de faire, ce fut d'aller visiter un certain nombre d'écoles alternatives qui, un peu partout dans le monde, s'inscrivaient en faux contre l'école traditionnelle, contre la pédagogie courante, et qui se marginalisaient par rapport à ce paradigme industriel. Certains membres de notre groupe avaient beaucoup de contacts dans le réseau international des écoles alternatives, contacts dont nous avons bénéficié. Le monde des écoles alternatives, précisément parce que ce sont des écoles alternatives, n'est pas un monde uniforme. Il est très varié, parce que les différentes expériences résultent d'intentions diverses. Il y avait des écoles inspirées d'intentions religieuses, par exemple. D'autres étaient motivées par des intentions politiquement révolutionnaires. On rencontrait aussi beaucoup de projets de révolution culturelle dont on parlait abondamment à l'époque : la contre-culture, la nouvelle culture. Ces diverses intentions se retrouvaient à la fois chez des parents et chez des enseignants. Les écoles alternatives que nous avons visitées aux États-Unis, en Europe et au Canada étaient souvent le fruit de la rencontre entre des groupes de parents qui avaient établi une complicité avec quelques enseignants. C'étaient des écoles primaires, généralement privées d'ailleurs. Mais parfois on avait réussi à en introduire une dans le système public et à la faire financer par des fonds publics. Au-delà de leurs différences, ces écoles alternatives représentaient un autre mode de pensée, une autre vision de l'enfant, de l'enseignant et de la société que le paradigme dominant. L'accent était mis sur le fait que l'enfant avait besoin d'un milieu de vie stimulant, partagé avec des enseignants qui, en même temps, profitaient eux-mêmes de ce milieu de vie. Les enfants y travaillaient à divers projets individuels ou collectifs, avec des professeurs qui agissaient plus en coopérateurs et en animateurs qu'en maîtres. Elles s'inspiraient donc de l'un ou l'autre des modèles de l'école active. C'étaient des classes où l'on bougeait : l'enseignant n'était plus devant sa classe mais au milieu des élèves, travaillant avec eux. Ce n'était pas, contrairement à ce qu'on dit parfois de ces écoles alternatives, des écoles laxistes. Les enfants répondaient à un certain nombre d'exigences intellectuelles, l'apprentissage des matières se réalisait à travers des activités diverses. C'étaient aussi des écoles où les parents participaient beaucoup plus à la vie scolaire que dans les écoles traditionnelles. Les parents étaient les bienvenus dans les écoles, ils étaient mis à contribution de diverses manières. Ces visites ont été pour nous extrêmement stimulantes.

C'est à la suite de l'ensemble de ces visites que nous avons produit la moitié de l'ouvrage qui s'intitule *Écoles de demain ?* La première moitié a été rédigée par l'équipe française et la deuxième par l'équipe québécoise. Il m'est resté de cette expérience une conclusion : la nécessité d'écoles alternatives dans un système scolaire. Je continue à croire que l'école alternative ne changera pas l'ensemble du système, mais qu'elle lui pose un problème de conscience, un problème de savoir, un problème idéologique. Elle permet à ceux qui veulent l'utiliser d'emprunter un autre chemin que celui que propose l'école traditionnelle. Malheureusement, l'intérêt que nous avons eu un temps au Québec pour l'école alternative est presque disparu. Les écoles alternatives qui subsistent ici persistent en dépit des exigences administratives et pédagogiques qui leur sont imposées. Elles ne sont pas du tout favorisées. Ça demande beaucoup de courage pour la direction, pour les enseignants et pour les parents de maintenir l'école alternative en vie. Pourtant, pour ma part, je continue à croire qu'elle devrait faire partie du système d'éducation public.

■ *Vous mentionniez que l'initiative de cette recherche venait du ministère de l'Éducation, qui faisait la promotion de l'innovation, et vous souligniez la disparition de cet intérêt pour cette approche. Comment expliquez-vous ce déclin ?*

L'idée même d'innovation a changé. Au lieu du lent mûrissement de projets porteurs d'avenir, l'innovation s'est confondue avec l'idée de la toute dernière réforme. Les ministres qui se sont succédé à la direction du ministère de l'Éducation sont tous arrivés avec l'idée qu'il fallait absolument faire une nouvelle réforme. Nous en avons donc connu toute une série. Chaque ministre a voulu s'illustrer par une réforme, y laisser son nom. Là où l'esprit innovateur a pu refaire surface, ce fut dans les États généraux sur l'éducation, mais ce fut vite étouffé. Je pense que l'obsession des réformes nous a engagés dans un système d'éducation qui s'est bureaucratisé autour des réformes. C'est assez particulier.

■ *De telle sorte qu'il est difficile, sinon impossible, pour les enseignants, les directions d'école, les parents de proposer un modèle éducatif qui n'entre pas dans un moule imposé et uniformisant.*

C'est vrai, c'est très difficile. Je constate notamment que l'intérêt des médias n'y est plus. Il existe au Québec quelques écoles alternatives. Les médias n'y prêtent aucune attention.

De leur côté, les commissions scolaires tolèrent ces expériences au lieu de les encourager et de les promouvoir. Je dois dire aussi que, malheureusement, le syndicalisme des enseignants n'a pas non plus aidé. Tous ces puissants intervenants ont manqué de souplesse à l'égard des écoles alternatives. Loin de les aider, ils leur ont plutôt, à certains moments, mis des bâtons dans les roues. Non seulement avons-nous des écoles alternatives primaires, mais on trouve aussi à Montréal au moins une école alternative de niveau secondaire. Elle accueille des adolescentes et adolescents qui ne sont pas heureux dans l'école actuelle, ou qui décrocheraient carrément, dans certains cas. Ils y trouvent un milieu accueillant, tolérant. Mais aussi un milieu vraiment stimulant qui les transforme. L'expérience de beaucoup des jeunes qui passent par une école alternative secondaire en est une d'épanouissement, de développement et d'enrichissement personnel.

■ *Dans le cadre des travaux du Conseil franco-québécois pour la prospective et l'innovation en éducation, votre ambition était non seulement de permettre la présence des écoles alternatives dans le milieu scolaire, mais de mettre de l'avant un projet de société éducative incluant l'éducation permanente, l'éducation continue rattachée aux cycles de vie. Une société éducative, ça ressemblerait à quoi ?*

De toute façon, la société est éducative. On ne peut pas y échapper. Lorsqu'on entre sur le marché du travail, lorsqu'on entre dans une industrie, un commerce, on est obligé d'apprendre. Toutes les institutions qui emploient une main-d'œuvre ont forcément un côté éducatif. Elles enseignent. Donc, la société éducative n'est pas un « projet », c'est une réalité. Mais c'est une réalité qui ne prend pas conscience d'elle-même et qui ne va pas au bout de son idée. La société traditionnelle était une société éducative par sa nature même. La famille, le milieu, la culture, l'environnement, tout était éducatif. La société contemporaine, parce qu'elle est marquée par une différenciation sociale, une segmentation de plus en plus grande, a isolé l'enseignement et l'éducation dans une institution qui est l'école. La société a fait comme si elle se déchargeait de cette responsabilité, alors qu'elle la partage encore et devrait la partager de plus en plus. D'autant que maintenant, avec ce qu'on peut appeler la culture de masse et l'informatisation du savoir, nous habitons désormais un nouveau monde éducatif.

Nous avions développé dans cette étude l'idée que la société éducative implique d'abord que l'école n'est pas la seule institution enseignante. Et cela, d'une double façon. Tout d'abord, au sein même de l'école primaire et secondaire, on a recours aux ressources du milieu. Cela faisait justement partie de la philosophie de la plupart des écoles alternatives que nous avions visitées, que d'encourager et même requérir la participation des parents aussi bien que les autres ressources humaines du milieu. L'école s'insère ainsi dans la société éducative. Mais, en plus, on continue d'apprendre une fois les études achevées, avancions-nous. C'est dans ce sens-là qu'on parlait d'éducation permanente. L'expression anglaise *continuing education* dit que, dans le monde moderne surtout, on continue presque obligatoirement à apprendre, et qu'on peut continuer à apprendre de plus en plus si on veut. En français, l'expression est encore plus forte, me semble-t-il : l'éducation de chacun est permanente, et doit l'être, parce que la collectivité est éducative. Le milieu de travail est éducatif, les moyens de communication sont éducatifs, les sports et loisirs le sont. Lorsqu'on fréquente les cliniques de santé, les hôpitaux, on entre dans une société éducative. On y apprend à être un patient, on apprend quelque chose sur sa maladie, sur les traitements possibles. Les professions médicales et paramédicales sont des professions éducatives. Mais la société d'aujourd'hui n'est pas assez consciente de cette fonction éducative généralisée et ne la remplit donc pas comme elle le devrait.

■ *Dans votre réflexion, l'éducation permanente devait être centrée sur les valeurs humanistes. La personne humaine, la qualité de vie constituaient les préoccupations centrales plutôt que l'unique acquisition des techniques, qui correspond davantage aux impératifs de la société industrielle. Il y avait aussi l'idée selon laquelle le développement intellectuel ne devait pas être divorcé du reste de la vie, du milieu, de la famille, des moyens de communication, des amis. Cette dimension humaniste était importante dans votre réflexion.*

Tout à fait. Vous résumez très bien le projet, ou l'espoir, qui était l'axe central de la pédagogie et de la philosophie sociales de cet ouvrage. Je peux ajouter ici que j'ai été, quand j'étais jeune, influencé par une institution française qui s'appelait précisément Économie et humanisme. Elle était dirigée par le père Louis-Joseph Lebret, un dominicain. Elle publiait une revue qui s'intitulait aussi *Économie et Humanisme*. J'ai connu le père Lebret, j'ai fréquenté en France son institution et j'ai été pendant longtemps un lecteur de cette revue. Après la Seconde Guerre mondiale, *Économie et Humanisme* a fait partie du mouvement de réflexion sur le monde de l'après-guerre, qu'on voulait construire ou reconstruire. L'après-guerre a été un moment où les mouvements de pensée émergeaient de partout avec un double objectif : faire que le monde ne connaisse plus jamais l'horreur des deux guerres que nous avions subies, et nourrir le dessein que la philosophie dominante du monde d'après-guerre s'inspire d'un large humanisme. Cela ne voulait pas dire négliger la reconstruction économique, qui était importante. Mais il fallait reconstruire la société mondiale dans une perspective plus humaine, plus fraternelle, plus communautaire, j'oserais dire plus spirituelle, c'est-à-dire moins matérialiste et moins concurrentielle.

■ *On a l'impression, en ce début de XXIe siècle, que l'humanisme qui a marqué la période d'après-guerre, comme cadre normatif, a disparu des réflexions sociales.*

C'est hélas bien vrai ! La société de consommation et, en particulier, la consommation de divertissements (le fameux *entertainment*) nous a envahis, nous enveloppe. On le voit bien, par exemple, dans l'évolution qu'a connue la télévision ici. Dans ses débuts, la télévision était beaucoup plus éducative qu'elle ne l'est devenue par la suite. La télévision des années 1950, 1960 et 1970 avait des préoccupations éducatives plus marquées. Progressivement, les médias, avec leur obsession des cotes d'écoute, se sont laissés coloniser par le modèle états-unien, celui du divertissement. J'ai personnellement vécu cette évolution. J'ai été, de 1979 à 1980, président du Conseil d'administration de Radio-Québec à un moment où nous avons voulu en faire une télévision véritablement éducative, qui ne soit ni pédante ni ennuyeuse. Mais j'ai bien senti que ça n'allait pas dans le sens du courant, à la fois à l'intérieur de Radio-Québec et chez les autorités politiques. Si bien que les projets que nous avons élaborés et même mis en route ont été mis de côté. Qui peut dire sans rire que Télé-Québec aujourd'hui est une télévision éducative ? Cette vague de la consommation, et de la consommation de produits divertissants, a éclipsé la préoccupation éducative. Les médias sont bien sûr des organes d'information, ou du moins ont cette prétention, mais c'est autre chose qu'une orientation éducative.

■ *La concrétisation de ce modèle éducatif alternatif impliquait la nécessité d'accorder une grande importance au pluralisme, à la diversité, de s'éloigner d'un modèle uniformisant, unique, centralisé. La meilleure façon pour y arriver consistait à favoriser la présence de différents types de modèles éducatifs.*

Bien sûr. D'abord, la structure du système d'éducation est centralisée. Et puis elle s'est bureaucratisée énormément et, se bureaucratisant, a vu se diluer l'innovation. Ce qui explique que notre livre a été totalement oublié. S'il y a cependant une forme de pluralisme qui s'est développée au sein du modèle unique, c'est dans des initiatives à tendance élitiste, qui vont à l'encontre de la perspective que nous avions mise de l'avant. Quand nous parlions du pluralisme, ce n'était pas du tout celui-là. Le pluralisme auquel nous pensions, c'était un pluralisme qui allait favoriser des initiatives novatrices, pédagogiques. Pour permettre la prolifération d'écoles alternatives, il faut un système d'éducation qui encourage le pluralisme, qui accepte qu'il y ait en son sein, et non pas en marge, plusieurs perspectives pédagogiques. C'est bien ce que signifie l'adjectif « alternative » : il qualifie une école qui est autre, qui se reconnaît telle et demande qu'on lui accorde cette reconnaissance. Il y a là une certaine réponse au problème du décrochage. Je crois profondément que l'adhésion à cette forme de pluralisme pédagogique s'inspire du principe de la justice sociale, c'est-à-dire de l'égalité d'accès à l'éducation pour tous et chacun. Cela répond au vœu d'un système d'enseignement pour une réelle démocratie. Ce n'est pas ce que l'on voit aujourd'hui. On est maintenant dans un système qui, au lieu de se démocratiser, est de plus en plus inégalitaire et élitiste. C'est ce que je vois, c'est ce que je déplore. C'est en ce sens que je dis qu'on fait de grands pas en arrière. Le langage, le discours peut être démocratique aujourd'hui mais, dans les faits, ce qu'on constate au contraire, c'est la création de plus d'inégalités.

■ *Peut-on poursuivre sur une note plus positive ?*

Notre système d'éducation, je le critique. Par ailleurs, il est certain que la qualité de l'enseignement ne cesse de s'élever. Les sciences sont enseignées bien mieux qu'elles ne l'étaient il y a trente ou quarante ans, les sciences humaines aussi. C'est certain que, de ce point de vue là, notre système d'enseignement est en croissance. Mais ce qui manque dans le modèle uniformisant, c'est un sens sociologique. Je veux dire par là qu'un système d'enseignement appartient à une période de l'histoire. Il est lié à une période de notre civilisation, de la culture, de l'humanité. C'est pour cela qu'il ne peut pas se fonder sur un modèle unique et uniforme, un modèle permanent. On doit accepter qu'il est un phénomène social appartenant à un moment de l'histoire d'une société, ouvert, par conséquent, à l'innovation et au changement. C'était d'ailleurs l'idée au centre de la prospective en éducation : dans un système d'éducation, on doit toujours voir venir, toujours s'orienter vers ce qu'on ne sait pas encore de demain, mais vers ce qu'on peut déjà entrevoir, et être ainsi à la recherche de ce qui sera plus adapté à ce que demain exigera.

■ *Une transformation majeure du système d'éducation, que l'on tient maintenant pour acquise, est celui de la déconfessionnalisation du corps enseignant, des structures et des programmes. Qu'est-ce que ce passage, somme toute assez rapide, nous indique sur là où nous en sommes comme société ?*

Vous avez raison de dire que c'est une transformation majeure du système d'enseignement et de notre société. Le système d'enseignement québécois francophone, pendant plus d'un siècle, sinon deux siècles, a été fondé sur la religion et en grande partie mis en place par les instances religieuses. Ce qui fait que des générations de Québécois ont été éduqués par des maisons d'enseignement à caractère religieux, par des enseignants qui appartenaient, en très grande majorité, à des communautés religieuses. On baignait dans des programmes d'enseignement qui étaient d'inspiration religieuse. La coupure d'avec cet ancien système d'enseignement est donc majeure dans notre histoire contemporaine. C'est presque une rupture de civilisation.

Ce qui me frappe, c'est que le système d'enseignement n'est pas à l'origine de son propre changement. La déconfessionnalisation du système d'enseignement s'est produite à la suite de la laïcisation qui s'est d'abord engagée dans la société québécoise. Je dirais même que le système d'enseignement a tardé à se déconfessionnaliser par rapport au processus de laïcisation qui a commencé au début des années 1960, dans la foulée de la Révolution tranquille. Ce n'est pas par hasard que ce retard se soit produit. L'ensemble du système d'enseignement pouvait d'autant moins changer que le personnel en place avait été formé dans les anciennes écoles, dans les anciens collèges et donc dans un vaste complexe d'institutions religieuses. Bon nombre de nos collèges classiques portaient symboliquement le nom de séminaire. Un séminaire, c'est un lieu où l'on forme des prêtres. En plus du personnel qui était en place, une grande partie des parents de l'époque avaient des attentes qui allaient aussi dans le sens de la continuation de l'éducation religieuse.

Ce que révèle la déconfessionnalisation progressive de l'école, c'est que la déconfessionnalisation de la société n'a pas été un épiphénomène. Elle s'est faite brusquement, rapidement. On aurait pu croire, à ce moment-là, qu'on allait revenir à nos traditions religieuses. Mais non ! Finalement, la déconfessionnalisation s'est produite dans les écoles parce que, progressivement, sont arrivés des gestionnaires, des enseignants, des associations de parents qui acceptaient de plus en plus ce changement, qui le voulaient même. L'opposition à cette déconfessionnalisation est allée en faiblissant, mais elle n'est pas disparue magiquement. Elle a résisté assez longtemps. L'Association des parents catholiques, que j'ai très bien connue parce que ses membres m'ont beaucoup harcelé, faisait des campagnes partout sur le territoire québécois en faveur de l'école catholique, pour le maintien des programmes et de l'enseignement religieux dans les écoles publiques. Un fort mouvement qui recevait l'appui d'une partie du clergé et du haut clergé. C'est en dépit de cela que la déconfessionnalisation s'est faite dans les structures, dans le personnel et finalement dans les programmes. À tel point que, maintenant, même des gens qui ne sont pas chrétiens s'étonnent, se scandalisent ou du moins s'inquiètent de l'ignorance totale des jeunes en matière de religion. J'entendais l'autre jour quelqu'un s'étonner par exemple de ce que des jeunes ne savaient pas ce que voulait dire le mot « génuflexion », ou que d'autres ne savaient pas ce que voulait dire le mot « soutane ». Qu'on soit d'accord ou non avec la religion, l'abîme culturel que représente la méconnaissance du passé religieux est un fait culturel grave. Il y a là un contact avec notre civilisation qui manque complètement.

Qu'est-ce qui peut remplacer l'éducation religieuse ? Ce n'est pas un sujet nouveau. Le sociologue Émile Durkheim a beaucoup travaillé sur cette question-là au début du XXe siècle quand, en France, on a laïcisé les écoles publiques. Durkheim s'est demandé par quelle morale civique on pouvait remplacer la religion. Je dirais qu'il y a un ensemble de valeurs qui forment l'équivalent de ce qu'on peut appeler une spiritualité. Deux niveaux de valeurs doivent faire partie de l'éducation. Il y a d'abord des valeurs humanistes. Des valeurs qui correspondent à la qualité humaine, au respect de la personne humaine, au respect de la dignité de chacun, à l'attention à l'autre et à l'espoir en l'autre, à l'espoir en chacun de nous, en ce que l'on porte d'humain. Ce sont des valeurs humanistes, mais à caractère individualiste et personnaliste. Le deuxième niveau de valeurs, ce sont les valeurs civiques, c'est-à-dire le sens de la solidarité nécessaire dans la vie sociale, le sens de l'engagement, le respect des institutions à caractère démocratique et le respect de l'intérêt commun public. Pour moi, ce qu'on peut appeler l'éducation morale, c'est donc une éducation à des valeurs humanistes et civiques, c'est-à-dire individualistes et communautaires.

Par ailleurs, je crois que l'endoctrinement religieux doit être remplacé par l'histoire religieuse, qui fait partie de l'histoire humaine. On ne peut pas échapper à ce qu'ont représenté au Moyen Âge les grands monastères, l'apport du clergé à la vie civique, politique, culturelle de cette époque-là, pour le bien mais parfois aussi dans la guerre et la violence. Le rôle des grandes religions dans les arts est flagrant. On ne peut pas apprécier les arts si on n'a pas une certaine culture religieuse ; une grande partie des arts (peinture, sculpture, architecture, musique, poésie) a été inspirée par la religion, par la volonté d'édification de la population. Une grande partie des solidarités humaines historiques ont été à caractère religieux. Ce que l'on voit aujourd'hui, c'est le retour à d'autres formes de solidarités qui se manifestent dans de nouvelles religions. Nous assistons à un retour à des sectes religieuses, qui semblent plus adaptées à bien des gens que les grandes églises. Cela répond à un besoin de solidarité. Ce n'est pas pour rien que la vie religieuse a donné lieu à beaucoup de manifestations, de rituels qui font appel à la participation et à la solidarité. Les solidarités religieuses d'aujourd'hui se retrouvent plutôt dans de nouveaux milieux religieux, parfois attisées par la parole de prédicateurs, qui sont assez souvent à l'ancienne mais qui se présentent comme les porte-étendards de la nouveauté.

■ *L'importance d'une plus grande culture religieuse s'impose peutêtre davantage compte tenu de la présence du pluralisme qui carac-*

térise la société québécoise. Lorsque j'étais jeune, je rencontrais peu de gens qui pratiquaient une autre religion que le catholicisme, alors qu'aujourd'hui nos voisins immédiats peuvent être boud-dhistes, musulmans, et non plus seulement juifs ou protestants.

Ce n'est pas seulement l'histoire des religions qui doit être connue, mais aussi ce qu'elles enseignent et ce qu'elles exigent de leurs adhérents. Cette diversité dont vous parlez, on la voit maintenant beaucoup dans notre système scolaire. Cela apparaît maintenant à l'université. On enseigne maintenant dans des classes où il y a des musulmans, des juifs, des protestants, des catholiques et des nouveaux chrétiens, des nouveaux bap-tisés. Ce qui est quand même paradoxal, c'est qu'au moment où cette déconfessionnalisation est avérée au Québec, on fait face à la résurgence d'exigences de la part de religions qui ne sont pas chrétiennes, en particulier chez les musulmans et chez les juifs, où il y a des communautés très pratiquantes et même fondamentalistes. Et puis, en même temps, nous sommes les voisins d'un grand pays, les États-Unis, où le militantisme reli-gieux est devenu extrêmement important sur la scène poli-tique. On n'a jamais vu aux États-Unis une présence aussi forte des différents groupes religieux, et la puissance du conserva-tisme religieux sur la vie politique américaine est extraordi-naire. On vit dans des contradictions à cet égard. Au moment où nous nous sommes le plus déconfessionnalisés, nous voyons surgir d'autres formes de pensée religieuse et d'action reli-gieuse, de militantisme religieux, que nous croyions chose du passé. Un certain réveil religieux et même mystique s'est opéré.

■ *Comment conclure ce tour d'horizon de votre pensée sur l'édu-cation ?*

Il est certain que notre système d'éducation, au Québec, a fait de grands pas. Je le critique beaucoup, mais l'intention démocratique qui a été à l'origine de tout ce grand bouleversement est toujours là, même si elle est en partie contrée par des tendances à l'élitisme et par l'acceptation d'inégalités qui sont encore trop criantes à mon avis. Donc, de ce point de vue là, le bilan que l'on peut faire est relativement positif. Je continue par ailleurs à trouver qu'il manque, dans notre système d'enseignement, une souplesse pour accepter différentes voies d'innovation. L'innovation que l'on veut introduire, il faut toujours qu'elle passe par tout le canal d'autorité qui domine notre système d'éducation. Les réformes passent toutes par le canal de l'autorité. Je trouve que cela est un appauvrissement. Mais je tiens à dire que j'ai un grand respect pour ceux dont la vie se passe dans le système d'éducation. Il y a chez les enseignants beaucoup de générosité, d'ingéniosité, de noblesse, beaucoup de travail, beaucoup plus qu'on ne le sait. Les enseignants, à tous les niveaux, ne jouissent pas de la réputation qu'ils méritent. Que ce soit dans l'opinion publique, dans les médias, chez les parents ou même à la direction du système d'enseignement, je ne crois pas qu'on apprécie à sa juste valeur la contribution des enseignants à l'avenir de notre société.

Chapitre 5

JEUNES
ET RAPPORTS INTERGÉNÉRATIONNELS

■ *La thématique des rapports intergénérationnels est intéressante non seulement parce que vous travaillez dans le milieu de l'éducation depuis plus de cinquante-cinq ans, mais aussi parce que vous avez vu passer des générations d'étudiants avec des préoccupations diverses selon l'époque. Tout au long de votre carrière, vous avez écrit sur la question des rapports intergénérationnels, sur les changements chez les cohortes d'étudiants que vous observiez et du rôle qu'ils s'attribuaient, ou qu'on leur attribuait dans la société. Avant d'aborder cela de manière plus analytique, je voudrais que l'on remonte un peu dans le temps et que vous expliquiez les rapports que vous entreteniez avec ce que l'on décrivait comme le monde des adultes lorsque vous étiez étudiant.*

J'essaie de remonter dans mes souvenirs. Il faut dire que, adolescent et jeune homme, j'ai participé à des mouvements de jeunesse, et plus particulièrement au mouvement de l'Action catholique, la Jeunesse étudiante catholique, la JEC. Ma perception des adultes a donc été conditionnée par ma participation à ces mouvements. Tout d'abord, il y avait un certain nombre d'adultes, minoritaires, avec qui nous nous sentions en état de confiance et de complicité. Des adultes qui, à nos yeux en tout cas, respectaient les jeunes, ne les prenaient pas à la légère et s'intéressaient à ce que nous voulions, qui était de faire évoluer la société et l'Église catholique. Non seulement ils nous respectaient, mais ils nous aidaient à expliciter et à mettre en œuvre nos aspirations, nos idées, nos idéologies. Et cela, je l'ai connu dès le collège classique pendant huit ans, comme pensionnaire. Il y avait là quelques enseignants dont je garde un souvenir très vivant parce que j'ai eu le sentiment d'être près d'eux. Pour se remettre dans le climat d'un collège de l'époque, il faut rappeler que la notion d'autorité y était très importante. On nous disait même : « Vous ne serez de bons dirigeants que si vous savez d'abord obéir et respecter l'autorité. » Cependant, quelques professeurs, et en particulier un dont je garde un très bon souvenir, ont commencé à dire : « Il faut aussi apprendre la liberté. » C'était à peu près au même moment où le père Georges-Henri Lévesque le disait aussi de son côté, dans une grande allocution publique : « L'autorité vient de Dieu, mais la liberté aussi vient de Dieu ! », mise au point qui avait fait beaucoup de bruit à l'époque. Ce professeur, l'abbé Alcide McDuff, qui était le directeur des élèves, avait entrepris de nous apprendre la responsabilité dans la liberté, à l'intérieur d'un collège qui était relativement conservateur, comme tous les autres d'ailleurs.

■ *De quelle liberté était-il question ?*

Il annonçait, par exemple, qu'il voulait éliminer certains contrôles de conduites collectives, des permissions qu'il fallait demander pour des riens, réduire diverses formes de surveillance. Il y avait ainsi une série de mesures qu'il avait prises et qui ont paru aux yeux d'autres professeurs comme un début de désordre. Cela peut aujourd'hui paraître presque ridicule, mais dans un internat, c'était une petite révolution. Au-delà de ces modestes changements, c'était cependant une plus grande liberté de pensée qui nous était proposée, avec la responsabilité personnelle qui en découle.

■ *Il vous encourageait donc à développer votre propre pensée ?*

Absolument. C'est dans ce climat-là que nous avons fondé un journal des étudiants du collège, auquel l'autorité du collège a fini par accorder une bonne marge de liberté. Un professeur servait de modérateur, mais selon une conception très élargie de ce rôle, car il nous laissait beaucoup de liberté dans l'expression de notre pensée, même critique. C'était donc là une manière de nous entraîner à prendre en mains nos vies au lieu de les laisser diriger par d'autres. C'était le principe : tant que vous êtes soumis à l'autorité, vous êtes sous la coupe d'autres personnes. Il faut y voir une certaine contestation d'un état de fait que nous avions acceptée, que j'avais acceptée. J'étais un garçon soumis à l'autorité, qui me rassurait. Alors que la liberté, les responsabilités, c'était moins rassurant. Lorsqu'il n'y avait plus de surveillants dans la cour de récréation, nous étions tous plus ou moins responsables de ce qui s'y passait, c'était à nous de gérer l'ordre et de nous assurer que nous méritions la liberté qu'on nous avait accordée. Cela engendrait en même temps une insécurité, ou en tout cas une incertitude, sur les comportements qu'on devait adopter. J'ai alors eu devant moi l'image de quelques professeurs contestataires d'un ordre établi. Et cette attitude de contestation, je l'ai retrouvée dans l'Action catholique, dans la JEC. Contrairement à l'image qu'on peut en avoir, l'Action catholique était un mouvement contestataire de l'Église catholique, et en particulier de l'Église catholique de cette époque, de l'autoritarisme du clergé dans nos vies de chrétiens. L'Action catholique était fondée sur la responsabilisation du laïcat, elle nous proposait de prendre en mains notre vie chrétienne, de ne pas la laisser encore une fois, là aussi, dominer par l'autorité cléricale. Mieux encore, selon l'esprit et l'intention de l'Action catholique, les laïcs devaient assumer la responsabilité non seulement de leur seule vie, mais de celle de toute la communauté chrétienne et de la communauté humaine.

Cette doctrine du laïcat reposait sur un fondement théologique important, une théologie communautaire et, je dirais, anti-individualiste. Nous considérions que la mentalité de l'Église catholique était beaucoup trop orientée vers le salut personnel individuel et, au fond, sur l'instrumentalisation de l'Église pour sauver son âme. Cette théologie communautaire, que l'on appelait ecclésiologique à l'époque, nous enseignait qu'on ne fait pas son salut seul. Chaque chrétien appartient à une vaste communauté, dont le Christ est la tête. C'était la théologie du Corps mystique du Christ, selon laquelle chaque chrétien est solidaire du salut des autres. Cette théologie communautaire débouchait sur ce que je peux appeler une sociologie religieuse. Je veux dire par là que cette communauté n'est pas que spirituelle, que mystique : elle est aussi incarnée dans la vie matérielle, concrète, humaine. Chaque chrétien porte donc la responsabilité de l'accomplissement du Royaume de Dieu sur terre. Ce qui nous engageait dans une Action catholique qui se préoccupait non seulement du salut éternel, mais des conditions de vie présentes. C'est cette théologie qui inspirait notre engagement dans l'action politique, dans l'action sociale militante et même dans la contestation d'une Église conservatrice qui n'était pas, à nos yeux, assez sociale, assez engagée dans des causes de rénovation, de restauration, de justice sociales.

Pour revenir à votre question, je dirais qu'à nos yeux, la majorité des adultes étaient de l'autre bord, du côté de l'Église que nous contestions, une Église de l'autorité, une Église du salut individuel et une Église plutôt socialement conservatrice qu'ils acceptaient. Nous étions des militants qui voulions changer les choses. Nous entretenions une certaine révolte, même contre certains évêques. Ça, je ne peux pas le passer sous silence, parce que l'Action catholique était soumise à des évêques. Or, il y en avait quelques-uns en particulier avec lesquels nous avions vraiment des relations conflictuelles, comme nous en avions évidemment avec quelques politiciens, contre lesquels nous étions en révolte ouverte. Nous avions avec nous un certain nombre d'adultes, peu nombreux évidemment, avec qui nous étions en complicité, soit dans le clergé (j'ai eu de grands amis chez les prêtres et chez les religieux et religieuses avec qui j'étais en communauté de pensée), soit dans le monde laïque, surtout d'autres dirigeants de l'Action catholique. J'ai eu à ce moment-là, comme jeune militant, des aînés que j'ai beaucoup admirés et respectés. Je peux dire, par exemple, que Gérard Pelletier a été pour moi un modèle de chrétien : il était engagé d'une manière que je trouvais très intelligente. Et je pourrais en nommer bien d'autres avec qui j'ai milité et qui m'ont profondément influencé.

■ *Vous rappelez-vous du regard que les adultes portaient sur votre génération ? Trouvait-on que vous étiez arrogants, idéalistes ?*

Je pense que leur regard nous disait que nous n'étions pas réalistes. C'est la principale critique que j'entendais de leur part : « Le monde n'est pas fait comme cela. Le monde est plus dur, il faut l'accepter, vous êtes des rêveurs. » C'est peut-être ce qui m'a fait le plus souffrir dans le regard des adultes. Ce n'était pas de l'arrogance, c'était un certain mépris à notre endroit. On nous disait qu'avec le temps nous allions apprendre.

■ *Avez-vous appris à être réaliste ?*

J'ai conservé une certaine dose d'idéalisme et d'utopisme !

■ *Y a-t-il des principes qui vous ont servi de guides à la suite de ces années formatrices, comme intellectuel, comme universitaire, comme acteur de la vie publique ?*

Le premier principe qui m'a le plus éclairé a été celui d'une ouverture à son milieu de vie. Ça, je l'ai appris dans l'Action catholique, dès le collège, dès mes premiers contacts avec la JEC. Elle avait une méthodologie qui se résumait en trois verbes : voir, juger, agir. Voir, c'est regarder comment les choses se passent dans son milieu, d'une manière aussi objective et réaliste que possible. Deuxièmement, à la lumière de nos principes chrétiens, juger, évaluer ce qui va bien et ce qu'il faut changer. Et troisièmement agir, ne pas en rester là. Le « voir-juger-agir », c'était notre méthodologie. Je me souviens avec précision des tout premiers contacts que j'ai eus avec les premiers dirigeants de la JEC que j'ai rencontrés : Benoît Baril et Gérard Pelletier. Benoît Baril était le premier président de la JEC canadienne à cette époque-là. Ça remonte à 1939, j'avais alors quatorze ou quinze ans. Benoît Baril et Gérard Pelletier sont un jour arrivés dans notre collège pour y lancer une section de la JEC. Je ne sais pas trop qui avait réuni quelques gars, choisi des élèves susceptibles d'avoir une certaine influence. J'ai fait partie de ce petit groupe. Benoît Baril était un jeune homme remarquable. Il avait commencé par nous demander si nous connaissions nos confrères, si nous savions ce qu'ils pensaient, ce qu'ils voulaient, les problèmes qu'ils pouvaient avoir. J'étais là à me rendre compte que je n'avais jamais pensé à cela. Il nous provoquait en nous demandant pourquoi cela ne nous préoccupait pas d'être dans un milieu que nous ne connaissions pas. Il m'a ainsi engagé à ouvrir les yeux autour de moi, et je peux dire qu'avec le « voir-juger-agir », j'ai développé mon premier regard sociologique. Cela m'est resté. Je garde toujours en moi le « voir-juger-agir ». C'était le fondement de la spiritualité que j'ai vécue pendant toutes ces années-là, et c'est devenu le fondement de mon orientation professionnelle. Si je suis devenu sociologue, c'est sans doute parce que j'ai été très marqué par le « voir-juger-agir » de la JEC, que j'ai intériorisé, que j'ai comme incorporé à ma personnalité intellectuelle.

■ *Ce qui m'a frappé dans vos travaux, c'est que vous ne faites jamais de jugements à l'emporte-pièce. C'est toujours multifactoriel. Il y a toujours plusieurs éléments dont vous tenez compte, de telle sorte que vous avez une pensée complexe et que vous êtes très prudent dans les prescriptions que vous formulez. Est-ce une façon de voir qui découle de ce « voir, juger, agir » et qui aurait été transposée dans votre approche sociologique, un regard mesuré, équilibré, global, interdisciplinaire, dirions-nous aujourd'hui ? N'y a-t-il pas dans votre sociologie des éléments de droit, d'économie, de politique ?*

Ce que vous dites est très juste. Lorsque j'ai entrepris mes études et ma formation en sociologie, j'ai dû raffiner beaucoup le « voir », pour me rendre compte que ce précepte était bien plus complexe que je ne l'avais pensé lorsque j'étais collégien, et que la réalité est multifactorielle et souvent sédimentée. L'histoire a fait que plusieurs paliers de la réalité se sont superposés les uns aux autres. À cause de cela, je n'ai finalement peut-être pas toujours exposé mon jugement dans mes écrits. Mais je dirais que mon jugement était toujours présent au départ. Je considère que le chercheur en sociologie entreprend des recherches à partir de ses valeurs personnelles, et que ce n'est pas par hasard qu'on choisit un terrain de recherche. Le « juger » est déjà là. On est déjà préoccupé par des questions de justice sociale, ou d'égalité sociale, ou de démocratisation, ou de changement social. Par la suite, à la fin d'une recherche, le fait d'exposer une situation peut participer au « juger » et finalement à un « agir ». Mais ce n'est pas toujours écrit en toutes lettres dans mes textes. Je le constate aussi en me relisant. Le « juger » est souvent discret parce que je pense que j'ai souvent craint de faire ce que Max Weber nous enseignait de ne pas faire, c'est-à-dire imposer aux autres des conclusions qui ne ressortent pas nécessairement de la recherche empirique, mais qui viennent d'une source normative, axiologique. Cette posture méthodologique de Max Weber correspond en réalité au « voir, juger, agir ». Ces trois verbes représentent en effet trois moments distincts, ayant chacun leur exigence propre. Le « juger » fait appel à un mode de penser qui doit être exclu du « voir » si l'on veut en premier lieu être objectif dans le regard porté sur la réalité telle qu'elle se présente. Et l'« agir » peut exiger des compromis, des accommodements que le « juger » n'a pas à prendre en considération. C'est cette sorte d'ascèse intellectuelle que le « voir, juger, agir » m'a inculquée. La conséquence, c'est que je me suis toujours tenu à l'écart de la sociologie critique. On me l'a assez reproché ! Mais, malgré ma réelle sympathie pour cette sociologie, j'ai constamment préféré m'en tenir à ces distinctions, que je trouvais essentielles.

■ *On a beaucoup parlé de ces années de formation et de ce que vous en avez retenu. Évidemment, comme chercheur, vous avez observé le passage de plusieurs générations. Quel regard portez-vous sur les différentes générations que vous avez côtoyées tout au long de votre carrière universitaire ?*

Quand je regarde en arrière, je peux identifier au moins quatre grandes phases dans les générations d'étudiants que j'ai connues en un demi-siècle. Les premiers étudiants que j'ai eus, la génération qui a étudié dans les années 1950, ont subi deux chocs. Le choc d'abord de la Grande Dépression des années 1930. Il faut bien voir ce que cela a voulu dire à l'époque. Un bon nombre de jeunes de cette génération ont vu leur père perdre leur emploi, la famille perdre sa propriété, un frère aîné interrompre ses études pour travailler afin qu'un autre étudie, les filles n'ont pas étudié à cause de cela. Les conséquences de la crise économique dans toutes les familles québécoises et canadiennes ont été énormes. Le deuxième choc, ce fut la guerre. Nous ne l'avons pas vécue comme les jeunes de l'Europe, mais nous avons quand même traversé une longue période très pénible, de plus en plus pénible au fur et à mesure que cette guerre s'éternisait. On lisait chaque jour les nouvelles, on entendait les comptes rendus à la radio. Ces jeunes-là étaient adolescents pendant la guerre. C'était aussi ma génération. Dans mes premières années d'enseignement, j'avais devant moi, dans ma salle de cours, des jeunes qui me ressemblaient, qui savaient que la vie est fragile, que les situations sont fragiles, que tout peut changer et que ce qui nous est donné, on doit en profiter le plus possible. Cela marquait l'esprit de ces jeunes. Pour eux, arriver à l'université, c'était un acquis extraordinaire ; ils avaient le sentiment que beaucoup d'autres à côté d'eux n'avaient pas eu le même privilège pour toutes sortes de raisons. Cela en faisait une génération plutôt sérieuse, marquée par une certaine gravité et par le sens de la fragilité des choses, et donc chargée d'une responsabilité vis-à-vis d'elle-même et des parents qui, pour la plupart, faisaient de grands sacrifices. J'ai vécu cela personnellement : j'ai été bien conscient des sacrifices que notre mère faisait pour notre éducation, à mon frère et à moi. Et c'était la même chose pour les autres autour de moi, dans mon collège, à l'université et dans la génération à qui j'ai d'abord enseigné. Cela était la première phase.

Cette génération a été suivie par une deuxième qui ne lui ressemblait pas du tout. La génération qui a suivi la Révolution tranquille, celle de la fin des années 1960 et des années 1970, c'était la génération turbulente, née durant la guerre mais n'en ayant rien ressenti. Au contraire, cette génération avait profité de la prospérité rapide qui avait suivi la guerre. Elle était marquée par une grande confiance en elle-même, une confiance dans l'avenir. C'étaient des jeunes très critiques de ce qui ne leur permettait pas d'être ce qu'ils voulaient être. Et les obstacles à ce qu'ils aspiraient à être et à faire, ils les appelaient « le système ». Cela voulait dire toutes sortes de choses, cela désignait surtout tout ce qui était en place. Ils avaient le vif sentiment qu'ils allaient changer ce système. C'est une génération qui a eu une immense confiance en elle-même et une immense confiance dans la jeunesse : « La jeunesse peut tout changer », disaient-ils. La jeunesse était valorisée pour elle-même, pour son dynamisme naturel, pour la vision neuve qu'elle apportait, pour le potentiel d'innovation dont elle était porteuse. C'était la période des grandes contestations, avec le début des cégeps, la fondation de l'UQAM et du réseau de l'Université du Québec. L'effervescence était générale ! C'était la Révolution tranquille ! Durant cette période de contestation, nous avons connu des grèves étudiantes, des occupations dans les universités, dans les collèges. Le rapport à la connaissance était marqué par une confiance qu'avaient les jeunes dans le fait qu'ils arrivaient déjà avec un bagage. Ils voulaient quand même apprendre quelque chose, mais à partir de ce qu'ils savaient, dans la mesure où cela allait correspondre à leur structure mentale et au monde de connaissances qu'ils avaient déjà. Par exemple, quand on commençait un cours à cette époque-là, le professeur proposait un plan qui devait être accepté par les étudiants. Les étudiants arrivaient en se disant : « Le professeur sait des choses, mais nous aussi, nous en savons. » Et ils voulaient négocier le plan du cours parce qu'ils voulaient savoir des choses qui n'y étaient pas incluses. Alors, pendant une séance ou deux, nous négociions le plan du cours. Les étudiants demandaient aussi de faire partie des assemblées départementales des professeurs en disant : « Nous en savons autant que vous sur les professeurs que vous allez engager, et que nous allons devoir souffrir. » Et ils portaient un regard très critique sur leurs aînés. Je me souviens, par exemple, qu'ils disaient qu'après trente ans on est déjà fini. Mais ils ne s'attendaient pas à ce que cela leur arrive à eux ! C'était une jeunesse vraiment attachante, c'était formidable. Mais ce n'était pas facile d'être leur professeur, encore moins un directeur de département, parce qu'on vivait de longues périodes de négociations. La vie était assez active !

La troisième, c'est votre génération, vous pourriez en parler mieux que moi. Après la période d'effervescence, nous sommes entrés dans une ère d'assagissement chez les étudiants. Cette nouvelle génération a pris au sérieux le côté scientifique des études. Elle a accepté l'ignorance plus que la précédente. Cela correspond à une période où, dans nos universités, la recherche a commencé à être de plus en plus valorisée, dans les sciences humaines et sociales en particulier. Ces étudiants ont donc été exposés à un enseignement universitaire par des professeurs-chercheurs qui, parfois, leur proposaient de faire de la recherche avec eux. On insistait de plus en plus sur le rôle de la recherche dans la formation universitaire. Cela a créé un environnement nouveau pour le milieu étudiant. Un environnement que l'on connaissait beaucoup moins dans les années 1960, où nous étions plus des professeurs que des chercheurs. C'est à partir de la fin des années 1970 que nous avons commencé à nous définir comme professeurs et chercheurs, et cela a accompagné cette génération-là. Elle ne s'est pas engagée dans la turbulence et les contestations de ses prédécesseurs. Mais elle a connu d'autres formes de contestation, qui sont peut-être plus de l'ordre des connaissances. Je veux dire que cette génération a été celle qui a commencé à vouloir s'ouvrir sur le monde. J'ai vu la mondialisation entrer à ce moment-là dans mes rapports avec les étudiants. Ces étudiants-là ont remplacé l'agitation par le goût du voyage, l'appétit de connaître le monde, une nouvelle préoccupation pour le tiers-monde. C'est alors qu'est apparue la contestation, dans les sciences humaines et sociales, de la modernité. On se rendait compte que la modernité ne concernait qu'une partie de l'humanité et que tout le reste du monde en était exclu. Cette modernité était donc associée à un impérialisme militaire, politique, économique, juridique qui dominait le monde. C'est donc votre génération qui a été pour moi celle de l'ouverture sur le monde et de la mondialisation.

■ *Ce dont je me rappelle, c'est que nous étions aussi une génération intimidée par celle qui nous a précédés et que vous avez qualifiée de turbulente. Comme elle était très sûre d'elle-même, la génération qui a suivi a souffert d'insécurité en s'y comparant. Elle avait les réponses à toutes les questions. C'est aussi la génération qui a commencé à nous enseigner, et les jeunes professeurs, qui avaient contesté le savoir traditionnel, n'étaient pas nécessairement disposés à remettre en question leur propre savoir. Notre critique était probablement différente, elle était plus académique, on lisait et on mettait de l'avant une critique qui se voulait rationnelle, organisée, et probablement plus humble dans ses espoirs de changer les choses. On nous a souvent dit qu'il fallait faire de la recherche « sérieuse », qu'il fallait publier davantage, en anglais de préférence. Cela nous a profondément marqués. Et nous étions inquiets dans la mesure où nous avions connu la crise économique du début des années 1980 et la pénurie de postes ; il était très inquiétant de savoir quelle place nous allions occuper.*

Je reconnais bien là ce que j'ai observé. C'est d'ailleurs l'occasion de dire que l'analyse sociologique des générations nous enseigne que celles-ci sont interdépendantes : une nouvelle génération est influencée par la précédente. Influencée de diverses manières, selon les contextes empiriques. La génération de la turbulence a pris la précédente comme contre-exemple. La vôtre a grandi en devant s'affirmer autrement, devant la génération précédente, qui maintenant vous enseignait, comme vous le rappelez.

Dans cette perspective, que dire maintenant de la génération des jeunes d'aujourd'hui ? Je dirais qu'elle a hérité de votre inquiétude touchant leur place dans le monde, qu'elle la connaît même d'une manière amplifiée, aiguë, critique. C'est une génération qui a le sentiment qu'il y a beaucoup de monde, trop de monde, et qu'il n'y a pas assez de place pour tout ce monde-là. C'est donc une génération qui doit se préparer à affronter la concurrence, la compétition. Ils sont très incertains de ce que l'avenir leur réserve. À cause de cela, bon nombre d'entre eux sont très scolaires, ils prennent très au sérieux les cours, les travaux à faire, les notes qu'on leur attribue. Ils viennent en discuter à notre bureau parce qu'il leur faut un bon dossier, ce qui indique qu'ils sont préoccupés par le succès, leur succès personnel. Ce n'est pas pour rien que, par exemple, j'entends ce discours de directeurs d'institutions d'enseignement collégial : « Vous êtes ici pour le succès. » Les parents, le ministère de l'Éducation, les institutions d'enseignement mettent l'accent sur le succès : il faut réussir ses études. Cette idée de réussite, je la vois comme particulièrement marquante pour la génération à laquelle j'enseigne en ce moment. C'est une génération qui est travailleuse, appliquée, inquiète et motivée par son succès. C'est une génération incertaine d'elle-même et de l'avenir, qui porte une profonde angoisse. Celle-ci se manifeste concrètement chez ces jeunes dans leur intérêt pour l'environnement physique, parce que la détérioration de l'environnement physique annonce un monde incertain. Chez eux, sans qu'ils le disent ou peut-être sans qu'ils en soient conscients, l'inquiétude pour l'environnement physique est rattachée à celle concernant l'environnement social, économique et politique. Et donc tout environnement devient pour eux une préoccupation, que je vois dans tous leurs travaux. Et le deuxième élément qui distingue très nettement cette génération, c'est le sentiment des inégalités sur le plan mondial. Ils ont lu sur les inégalités entre le Nord et le Sud. Un bon nombre d'entre eux ont voyagé, plusieurs ont fait partie de missions, de stages de quelques semaines ou quelques mois en Amérique du Sud, en Afrique, en Asie. C'est une génération qui a un certain sens de l'action dans un monde d'injustices collectives. La mondialisation veut dire pour eux un univers menacé, menaçant, soumis à des pouvoirs sur lesquels on a peu de prise. Ils sont donc écartelés entre un engagement à l'efficacité douteuse et le repli sur leur succès personnel.

■ *Comment concilient-ils les succès personnels avec cette prise de conscience des injustices à l'échelle locale, et même internationale ?*

Il y a un paradoxe d'individualisme et de communautarisme dans la génération actuelle. Je dirais que ces deux tendances cohabitent, en étant à la fois convergentes et divergentes, complémentaires et conflictuelles. Je m'explique. Les jeunes d'aujourd'hui ont vraiment le sentiment que le succès est l'affaire de leur vie et qu'on y arrive en travaillant. Il y a une part de chance, mais il faut beaucoup de travail, étant donné le système très compétitif dans lequel ils sont appelés à vivre. Mais, en même temps, il y a chez eux un sens communautaire qui s'étend au reste du monde. C'est comme si on imaginait deux plans qui ne se rejoignent pas nécessairement : le reste du monde est fait d'inégalités, mais nous, nous avons la chance d'être du bon côté, dans l'hémisphère nord. Mais le sentiment qu'ils ont — et cela rejoint leur idée du succès —, c'est que les avantages du Nord seront peut-être un jour dangereusement mis en échec par ce qui se passe dans le Sud. On voit comment l'industrie utilise de plus en plus des pays du Sud pour la production, aux dépens du marché du travail dans le Nord. Le succès individuel ne sera peut-être pas indépendant de la solution à apporter aux inégalités entre les hémisphères.

■ *Nous sommes effectivement bombardés par l'idéologie du succès individuel. Dans les journaux, on trouve la personnalité de la semaine, on y dresse le portrait des entrepreneurs d'avant-garde, par exemple. Les modèles qui nous sont proposés ne sont que rarement des modèles collectifs. Même les associations communautaires sont promues à travers les individus qui en sont les porte-parole. Les jeunes intègrent les modèles dominants.*

C'est très juste, très pertinent.

■ *Vous vous êtes aussi penché sur le phénomène des rapports intergénérationnels. Vous avez publié, avec d'autres, une étude sur les changements d'attitude dans les années 1970, et un ouvrage intitulé* Génération, maturation, conjoncture, Une étude des changements d'attitudes dans le Québec des années 1970. *Vous faisiez une distinction théorique entre une approche fonctionnaliste de la jeunesse vue comme sous-culture, en marge de la culture dominante mais de manière transitoire, qui allait éventuellement s'y incorporer, et une approche historiciste selon laquelle les générations portent une vision du monde particulière qui influence la façon dont elles perçoivent la réalité sociale et agissent sur elle. Que pensez-vous de l'influence qu'ont pu avoir les jeunes des années 1960, la génération turbulente, sur l'évolution qu'a connue le Québec par la suite ?*

Cette génération a beaucoup influencé l'évolution de la culture québécoise. Elle a mis l'accent sur la nécessité d'innover et d'accepter le changement social. C'est la génération qui a fait passer la Révolution tranquille. C'est elle qui l'a en quelque sorte portée, et ce, dans bien des secteurs. Avec cette génération, on ne pouvait pas faire de surplace, il fallait que les choses avancent. Une réforme doit contribuer à corriger ce qu'une réforme précédente a faite. Et c'est dans cette perspective, apportée par cette génération, qu'est née l'idée que la politique devait être portée par un « projet de société », soit par des idéologies, des objectifs, des idéaux, des aspirations.

C'est pour comprendre cette génération de jeunes, qui nous étonnait et nous bousculait que, dans les années 1970, j'ai codirigé une grande recherche quantitative sur elle. Au début des années 1970, plusieurs projets de recherche sur la jeunesse ont vu le jour. Je pense que chacun était inspiré par l'idée que la jeunesse était porteuse d'avenir. Nous cherchions donc dans ces études à savoir ce que l'avenir nous réservait, à travers les attentes, les aspirations pour les prochaines décennies de cette jeunesse ! Et il se trouvait que j'avais travaillé, en France, dans l'équipe de Paul-Henry Chombart de Lauwe, à l'époque où celui-ci développait une sociologie des aspirations. J'étais revenu avec la conviction que la sociologie devait s'intéresser à la vision de l'avenir qu'on peut observer dans les différentes couches de la population. En sociologie traditionnelle, on ne peut s'intéresser qu'au présent tel qu'il a été marqué par le passé. Mais il faut aussi se poser la question : quelle vision de l'avenir ont les gens en général et, en particulier, la jeunesse, qui pense l'avenir, qui le rêve, qui aspire à une nouvelle vie ou à une nouvelle société.

C'est pour répondre à ces questions que le sociologue

Pierre W. Bélanger, de l'Université Laval, et moi avons dirigé ensemble ce projet qui s'appelait ASOPE, pour « Les aspirations scolaires et les orientations professionnelles des étudiants ». Et pour réaliser cette vaste recherche, nous avons réuni autour de nous une belle équipe d'étudiants en sociologie et en sciences de l'éducation, de l'Université de Montréal et de l'Université Laval, qui s'y sont consacrés avec ardeur et beaucoup d'intelligence. Avant de construire la série de questionnaires nécessaires, nous avons commencé par faire des entrevues avec des petits groupes, des *focus groups*. Nous avons pu constater combien les jeunes parlaient peu du présent, mais beaucoup de l'avenir, de leur avenir personnel et de l'avenir du monde, surtout les jeunes du secondaire et du début du collégial. C'est évidemment la manière que j'appellerais classique d'entreprendre une vaste enquête quantitative : il faut commencer par recueillir de l'information qualitative à partir de laquelle on peut construire les questionnaires. Cela est essentiel, surtout lorsque l'étude va porter sur une population avec laquelle on n'est pas totalement familier. En général, les jeunes d'une nouvelle génération sont une énigme pour leurs aînés. C'était particulièrement le cas en 1970, alors qu'il semblait y avoir un profond fossé entre les adolescents et les adultes.

Le projet ASOPE était une recherche longitudinale : pendant six ans, entre 1970 et 1976, nous avons suivi quatre cohortes d'étudiants que nous avons revues tous les deux ans. C'est l'une des rares études longitudinales de cette envergure, peut-être la seule, à avoir été faite au Québec. Nous avons constitué un énorme échantillon de plus de 20 000 jeunes partout au Québec. Il nous fallait un échantillon de jeunes qui étaient au départ en première, troisième et cinquième secondaire et en première année du collégial. Nous les avons suivis pendant six ans, y compris sur le marché du travail ou à l'université pour les plus vieux.

Cette recherche était intergénérationnelle, parce que nous avons interviewé quatre cohortes de jeunes que nous pouvions comparer entre elles, en même temps nous avons préparé des questionnaires à l'intention des parents et des enseignants de ces jeunes. Nous avions donc plusieurs générations de jeunes et une génération d'enseignants et de parents. Une des constatations que nous avons faite, c'était qu'il y avait une évolution dans la concordance entre les idées des jeunes et les idées de leurs parents. Au début du secondaire, les jeunes ressemblaient beaucoup à leurs parents. Ils partageaient les normes, les valeurs et les idées de leurs parents. Cela commençait à changer à la fin du secondaire et au collégial. Un écart se creusait alors de plus en plus entre les idées des jeunes et celles de leurs aînés. On voyait apparaître une perspective historique en quelque sorte : une génération de jeunes change rapidement dans son rapport à ses aînés. C'est à cet âge-là que s'installe la distance idéologique, spirituelle et parfois matérielle entre les jeunes et les parents. Ça a été pour nous très instructif de voir à quel moment, au cours de l'adolescence, commencent à se formuler des aspirations personnelles chez les jeunes, différentes de celles de leurs parents, une vision du monde qui s'affirme dans ce qu'elle porte de différent, de neuf. Cette vision du monde se modifiera avec l'âge, bien sûr, mais elle continuera quand même à caractériser cette génération.

■ *Pensez-vous que la vision du monde des jeunes suit toujours le même processus ? Que nous annoncent les aspirations des jeunes d'aujourd'hui relativement aux préoccupations qui domineront dans dix ou vingt ans ?*

Je crois que le processus d'autonomisation de la pensée des jeunes à l'adolescence, que nous avons observé dans les années 1970, vaut d'une manière assez générale. Cela reste évidemment à prouver scientifiquement. On peut en tout cas en faire l'hypothèse. C'est pour cela que chaque nouvelle génération de jeunes est annonciatrice de ce que l'on peut voir se profiler pour l'avenir.

En ce qui concerne la génération actuelle, elle est politisée plus qu'on ne le dit. Je connais un bon nombre de jeunes qui expriment un profond attachement à la loi 101 et au statut du français dans la société québécoise. En même temps, elle est très sensible à ce que la mondialisation et la détérioration de l'environnement risquent de lui apporter. Par exemple, je sens qu'ils sont marqués par une inquiétude concernant l'eau. L'eau est une richesse qui est mise en danger, surtout dans un pays comme le nôtre, où l'on a toujours pensé que l'eau était éternelle. De la même manière, ils sont préoccupés par la déforestation au Québec et ailleurs dans le monde. Ils ont aussi le sentiment que l'industrie a besoin d'être disciplinée. Mais ce qui me frappe chez eux, c'est qu'ils vivent une politisation assez particulière en ce sens que beaucoup de jeunes croient à l'efficacité d'une action politique à travers des organismes non étatiques. Ils ont beaucoup plus confiance dans l'action d'organisations non gouvernementales que dans l'action politique comme telle, à l'intérieur de partis. C'est leur manière d'être politisés. Je leur fais faire des travaux où ils ont à choisir des thèmes concernant le rôle du droit dans divers contextes, et beaucoup vont vers le rôle du droit mobilisé par des ONG. Je sens qu'il y a là une sorte de politisation, en même temps qu'un engagement social très solide. Il ne leur semble pas que les États soient en mesure de contrer les immenses capitaux internationaux et les accords de commerce mondial, ou qu'ils soient prêts à tout pour freiner les changements climatiques.

Ce que ça donnera dans l'avenir, on ne peut le prédire avec certitude. Mais, comme pour toutes les générations, c'est souvent une partie de celle-ci qui fera l'avenir. Dans chaque génération émerge un leadership intellectuel, politique, social, économique. L'avenir sera fait par ceux qui sont plus militants, ceux qui travaillent à changer des choses, que ce soit par la politique ou non. Je crois beaucoup à l'action de minorités agissantes dans chaque génération. Si une minorité agissante continue à se préoccuper de la protection de l'environnement, je me dis que c'est dans ce sens que s'orienteront les préoccupations de l'avenir.

En même temps, ce qui est parfois paradoxal, c'est que c'est une génération de consommateurs. Ils consomment vêtements, automobile, sorties, informatique, information. Mais ils ont appris une chose, par ailleurs, c'est qu'il y a des consommations que l'on doit discipliner, en particulier la consommation du tabac. Ça, vraiment, chez eux, c'est intégré. Ce qui a changé, c'est qu'on respecte ceux qui fument : la guerre menée contre l'usage du tabac s'est terminée par la victoire des non-fumeurs. Ceux-ci l'ont emporté, ils n'ont plus besoin de s'en prendre aux fumeurs.

J'utilise dans un de mes cours une recherche qui a été faite en 1995 par une de mes étudiantes auprès des fumeurs à l'Université de Montréal, trois ans après que le règlement sur l'usage du tabac a été institué. Le règlement prévoyait des sanctions, des contraventions contre les fumeurs. Dans cette étude, Valérie Demers démontrait que 80 % des fumeurs continuaient à fumer d'une manière illégale, dans des lieux interdits à l'intérieur de l'Université. On ne verrait plus cela aujourd'hui. Il n'y a plus que très peu d'étudiants et de professeurs qui fument dans des endroits où il est interdit de fumer, alors que, trois ans après la sanction du règlement, il y avait encore beaucoup de délinquants. Je leur apporte cela comme un exemple de recherche sur le lent processus d'obéissance à la loi. On observe en peu d'années l'intégration de la règle dans la culture dominante.

■ *Mes étudiants me disaient qu'il était socialement plus accep-table de consommer de la marijuana ou d'autres drogues que de fumer du tabac.*

Certainement, et pour une raison : c'est que la marijuana ne fait pas de tort aux autres, alors que le tabac fait du tort aux non-fumeurs. C'est sans doute une explication.

■ *Vous avez fait une allocution à l'Université de Moncton à la fin des années 1980 dans laquelle vous mentionniez que les nouvelles générations, celles qui ont suivi la Seconde Guerre mondiale, ont mis de plus en plus l'accent sur la connaissance scientifique, sur la rationalité scientifique. Vous disiez qu'il s'agit d'un phénomène qui caractérise la modernité. Comment évaluer l'effet d'une telle transformation sur notre société ?*

Les nouvelles générations de l'après-guerre sont venues au monde et ont grandi au moment de ce qui a probablement été l'apogée de la modernité, avec un développement techno-scientifique sans précédent. Un des éléments qui ont caracté-risé cette modernité, c'est certainement le renversement de la hiérarchie des savoirs. La théologie et la philosophie ont perdu la royauté qu'on leur avait traditionnellement accordée, sur-tout la théologie, au profit de la connaissance dite scientifique. Le positivisme scientifique est devenu le mode de pensée dominant dans notre monde contemporain. Cela a engendré une pensée qui s'est voulue efficace parce que réaliste, basée sur des connaissances rigoureuses, une certaine mesurabilité. Au XIXe siècle, le philosophe Auguste Comte l'a idéalisée. Au XXe siècle, Max Weber de son côté en a montré une autre facette, moins optimiste, quand il a parlé du « désenchante-ment du monde », en allemand *Entzauberung der Welt*, qui peut se traduire par « démagification » du monde, recul de la pensée magique, de la séduction magique.

Le désenchantement du monde est lié à la sécularisation non seulement des institutions, mais surtout de la pensée, sa laïcisation, l'éclipse de l'autre monde. Cela, évidemment, c'est un fruit de la vision de plus en plus scientifisée du monde matériel, du monde social, du monde humain. Au fond, les développements scientifiques ont toujours contribué à réduire ce que les religions avaient pu nous faire croire.

Vous me demandiez quel effet la modernité a eu sur notre société. C'est assurément la sécularisation qui en est l'effet le plus marquant. Nous avons assisté au Québec à une rapide déconfessionnalisation des structures sociales, du système d'enseignement et même des esprits, des mentalités. Le progrès de la pensée laïque a été fulgurant, bien davantage que presque partout ailleurs. Les générations de jeunes depuis la guerre de 39-45 ont baigné dans cette sécularisation, elle leur est naturelle et ils ont contribué à l'accentuer, à la généraliser à toutes les sphères de la vie. Différentes formes d'expression de la pensée religieuse qu'on ne peut imaginer au Québec se retrouvent aux États-Unis. Je pense en particulier à tout ce conflit entre l'évolutionnisme en tant que théorie scientifique et les différentes formes de créationnisme que l'on veut conserver ou que l'on veut faire revivre. Le créationnisme est une forme de réenchantement du monde devant la démagification de l'univers résultant de la théorie de l'évolution. C'est une réaction contre le positivisme, le rationalisme et le scientisme, qui ont accompagné la modernité et y ont contribué. On ne connaît pas au Québec cette résurgence d'un créationnisme attaché à la narration biblique de l'histoire du cosmos, des vivants et de l'humanité.

■ *Par quoi le vide laissé par l'adhésion au positivisme et par le déclin du recours aux puissances magiques a-t-il été rempli ? L'éthique, la philosophie, des valeurs définies sur des bases communautaires ou individuelles ?*

Il est rempli par différentes formulations. Un certain idéal humanitaire sécularisé remplace l'idéal humanitaire divinisé. Le nouvel idéal s'exprime dans le respect de la personne et de sa dignité, indépendamment de ses origines religieuses ou autres. Ce qui s'exprime dans les chartes des droits et libertés de la personne, c'est cet idéal que j'appelle humanitaire. Un certain idéal politique est venu remplacer ou prendre le relais de l'idéal religieux. Et puis, l'appétit de consommation a fait son entrée. Par ailleurs, il ne faut pas croire qu'il s'est produit une « démagification » complète, un désenchantement complet. Il reste encore une pensée religieuse, bien présente dans une certaine partie de la population, y compris chez les jeunes, ainsi que diverses pratiques religieuses et interventions communautaires d'inspiration religieuse. Plusieurs religions y contribuent, apportant une spiritualité souvent très éloquente. C'est d'ailleurs précisément au nom de cette spiritualité qu'il faut rejeter tous les fondamentalismes et intégrismes qui défigurent presque toutes les religions, grandes et petites.

Que nous réserve l'avenir de ce point de vue là ? Difficile à dire. Je pense que la conception du désenchantement total du monde est tellement difficile à accepter pour tout le monde que la croyance religieuse répond à un très grand besoin. Finalement, on n'y échappe pas : aucune société ne peut être complètement marquée par le seul positivisme ou une pensée désenchantée. La religion revient à la surface, reprend ses droits.

■ *Dans cette allocution à laquelle je faisais référence tout à l'heure, vous mentionniez que les jeunes se sont socialisés à un moment historique marqué par la fatigue progressive des grandes idéologies (socialisme, nationalisme, social-démocratie, féminisme, participationnisme des années 1960). Mais les idéologies globalisantes n'ont pas disparu pour autant.*

Notre vie humaine et nos vies sociales sont faites de beaucoup de contradictions, de mouvements parallèles qui ne se rencontrent pas toujours. Les deux peuvent être vrais en même temps. On peut vivre le désenchantement du monde et en même temps un retour des idéologies ; le désenchantement à l'endroit des idéologies, celles en particulier qui ont paru nous annoncer des lendemains qui chantent, et la survie d'idéologies globalisantes sont compatibles. Ces grandes idéologies puisaient dans certaines valeurs de justice et d'égalité qui ont séduit bien des jeunes des générations antérieures, comme elles font appel aux jeunes des générations actuelles, qui leur redonnent une nouvelle vie, les adaptent à un autre contexte selon d'autres modalités d'action.

Chapitre 6

LE DROIT ET LA SOCIOLOGIE DU DROIT

■ *Au cours des vingt dernières années, et peut-être davantage, vous vous êtes tourné vers la sociologie du droit. Je me demandais de quelle manière tout ça s'inscrivait dans votre trajectoire personnelle. Comment peut-on passer, par exemple, d'un intérêt marqué pour la sociologie de l'éducation, ensuite à la sociologie des aménagements linguistiques au Québec puis finalement à la sociologie du droit ?*

Tout d'abord, je peux dire qu'avant de faire mes études en sociologie j'avais entrepris des études de droit, que j'ai interrompues par manque d'intérêt non pas pour le droit mais pour la pratique du droit telle qu'elle était à l'époque, c'est-à-dire en 1945. Je me suis plu au mode de réflexion juridique et à l'imagination juridique. Un bon nombre de mes ancêtres étaient des hommes de loi. J'ai peut-être hérité d'eux quelques gènes ! Ma mince formation en droit est toujours restée chez moi comme un arrière-plan, lequel se justifiait dans la mesure où, pendant mes études en sociologie, je découvrais qu'un certain nombre de nos fondateurs avaient accordé beaucoup d'importance au droit. C'était le cas évidemment de Karl Marx, dont la formation était en droit, c'était le cas d'Alexis de Tocqueville, qui était aussi un juriste, un avocat, et c'était le cas de Max Weber, également juriste. C'était le cas d'Émile Durkheim, qui n'était pas juriste mais qui a accordé beaucoup d'importance au droit dans toute sa sociologie. Cet intérêt pour le droit, les sociologues l'ont perdu parce qu'il faut, pour s'intéresser à la sociologie du droit, une certaine connaissance du droit, et ils ne se sont pas engagés sur ce terrain-là. Je constate que, dans nos départements de sociologie, dans nos publications, dans les deux langues que je lis, la sociologie du droit est à peu près inexistante. C'est étonnant et c'est dommage, si l'on songe à la place et au rôle du droit dans les sociétés modernes, celles précisément qu'étudient les sociologues. À l'échelle internationale, les sociologues du droit forment un petit groupe composé en réalité de juristes qui se sont intéressés à la sociologie. Donc, cet intérêt pour le droit qui, dans ma jeunesse, avait précédé mon intérêt pour la sociologie, je le retrouvais dans la sociologie du droit.

Mais ce qui a joué d'une manière plus immédiate, c'est mon passage au gouvernement du Québec. Pendant un peu plus de quatre ans, de 1976 à 1981, j'étais au Conseil exécutif à titre de secrétaire général associé et de sous-ministre. Une grande partie de ma fonction consistait à travailler sur le droit, soit parce que nous faisions du nouveau droit, de nouvelles lois, ou parce qu'on en amendait, si bien que j'ai constaté comment le droit est le bras de l'État. Lorsque l'État agit, c'est par des lois, par des règlements, une réglementation, des décrets, etc. Ce qui fait que je prenais conscience plus activement encore du pouvoir politique du droit, des relations entre le droit et le pouvoir, des fondements juridiques du pouvoir de l'État, ainsi que du pouvoir des autres organismes qui veulent travailler avec l'État : les groupes d'intérêt, de pression, les mouvements sociaux de toute nature mobilisent le droit à leurs fins. Ainsi, ce qu'on peut appeler le droit vivant, le droit en action, le droit mobilisé, m'est apparu à ce moment-là.

J'ai aussi appris, pendant ce séjour dans le gouvernement,

à me méfier des juristes et du droit tout en sachant utiliser ce dernier, précisément à cause de son pouvoir, mais aussi, ce qui peut paraître paradoxal, à cause de ses limites inhérentes. Lorsque nous préparions des projets de loi, par exemple, nous travaillions d'abord sur des mémoires explicatifs et justificatifs destinés à être discutés et, espérions-nous, adoptés par le Conseil des ministres. Une fois cette grande étape franchie, le mémoire allait ensuite se transformer, se traduire en un projet de loi. La traduction du mémoire en langage juridique est toujours problématique, parce qu'on n'est jamais certain que le projet de loi tel que rédigé par des juristes correspond à l'intention originale du mémoire. On peut parfois se demander s'il n'y a pas trahison de notre pensée, parce que le juriste agit comme un traducteur, il traduit un mémoire en cette langue différente qu'est le discours juridique, avec sa logique propre, qui peut nous paraître réductrice ou déformante.

Je me souviens que j'ai eu à plusieurs reprises à m'expliquer avec des juristes au sujet de projets de loi sur lesquels nous travaillions, en particulier lorsque nous élaborions la Charte de la langue française. Il fallait à certains moments s'assurer qu'ils avaient bien compris, que de notre côté nous comprenions bien ce qu'ils mettaient dans la loi, et que ce qu'ils écrivaient correspondait bien à l'intention du législateur, c'est-à-dire du ministre. Fort heureusement, je travaillais avec le ministre Camille Laurin, qui n'était pas juriste mais qui avait un sens juridique remarquable. Il possédait l'esprit du droit, il aimait le droit. À cet égard nous nous entendions assez bien pour à la fois faire confiance au droit, en comprendre l'importance et nous en méfier. Travaillant avec Laurin et avec des juristes, j'ai repris contact avec le droit et avec la sociologie du droit ; je me suis remis à lire sur la sociologie du droit pour en quelque sorte m'éloigner du droit avec lequel je travaillais.

Au terme de mon premier séjour dans le gouvernement, il se trouve qu'Andrée Lajoie, alors la directrice du Centre de recherche en droit public (CRDP) de la Faculté de droit de l'Université de Montréal, m'a invité à venir y travailler. J'ai donc obliqué vers la sociologie du droit, parce que cette invitation m'a beaucoup intéressé. En réalité, j'étais déjà en contact avec le CRDP : avant de travailler au gouvernement, j'avais accepté de faire partie de son comité aviseur. Il se trouvait que le Centre de recherche en droit public se développait d'une manière de plus en plus interdisciplinaire. Il y avait là des historiens, des politologues, et une ancienne étudiante en sociologie y avait été engagée comme assistante de recherche. Le Centre de recherche en droit public, ayant accepté cette posture interdisciplinaire, m'attirait beaucoup. Je l'ai donc joint, sachant bien que je faisais un virage dans mes travaux.

Mais je me disais que c'était le moment d'ouvrir un nouveau chantier pour la sociologie. Je considérais qu'étant donné qu'on négligeait la sociologie du droit, j'avais là l'occasion d'ouvrir nos recherches pour nos étudiants. Il y a des étudiants en sociologie susceptibles de s'intéresser au droit et à la sociologie du droit. Voilà un peu la première explication que je peux donner. Ça n'a rien à voir avec mes anciens professeurs de sociologie. Je n'étais pas assez au courant à cette époque-là de ce que Talcott Parsons, mon professeur de Harvard, grand théoricien de la sociologie, avait écrit sur le droit. Ce n'est qu'après coup que j'ai lu ce que Parsons avait écrit sur le droit. J'espère que nous en aurons un jour une traduction française.

■ *Lorsque vous siégiez au Conseil exécutif, vous avez développé une certaine méfiance à l'endroit des juristes. Aviez-vous l'impression qu'ils étaient conscients du pouvoir qu'ils avaient à l'intérieur de l'appareil étatique ?*

Très conscients, oui. Dans le gouvernement du Québec, les juristes forment une équipe très forte : tous les avocats et notaires dans tous les ministères ne relèvent que du ministère de la Justice ; ils ne relèvent pas du ministère dans lequel ils travaillent. J'avais des avocats dans mes équipes. Mais ce n'était pas moi, par exemple, qui faisais leur évaluation. Elle était faite par le sous-ministre du ministère de la Justice. De ce fait, le ministère de la Justice, à travers son immense réseau d'avocats et de notaires, détient un très grand pouvoir. Mais, plus que tout, les juristes sont très conscients du fait que le droit prime dans le pouvoir de l'État, que l'État agit par le droit dont ils sont les détenteurs, les seuls experts. Leur profession apparaît de la sorte comme la plus importante au sein de l'administration publique. Sans compter que des hommes et femmes politiques, situés à la tête de l'État, sont aussi des leurs.

■ *Sont-ils aussi conscients de l'imbrication entre le droit et les changements sociaux qui sont induits par les législations sur lesquelles ils travaillent ?*

Je dirais que c'est inégal chez eux. C'est peut-être plus le cas chez les juristes qui travaillent à l'élaboration de lois, qui, eux, sont sensibles aux rapports entre le droit et le changement social. C'est peut-être moins le cas chez les juristes engagés à fond dans une fonction administrative, ou qui sont des plaideurs pour toutes sortes de causes. Eux ont moins de chances d'être interrogés par le changement social que ceux qui travaillent à l'élaboration du nouveau droit. Il faut par ailleurs dire que, chez les avocats, chez les juristes, il y a quand même une conscience très forte du changement constant du droit. Ils sont toujours en train de se tenir au courant des changements dans les lois, les règlements, de la jurisprudence des tribunaux. Par suite de cette sensibilité chez les juristes, je me suis souvent rendu compte que, quand on leur parle des rapports entre le droit et le changement social, ils ne sont pas étonnés du tout. Au moins, ça, c'est clair pour eux.

■ *Et puis à l'université, ici au Centre de recherche en droit public, il n'y a pas beaucoup de sociologues qui contribuent à la formation des futurs avocats. Y a-t-il, chez les étudiants, une prise de conscience, une surprise, un étonnement au moment de cette rencontre avec la sociologie ?*

Je dirais que, chez les étudiants en droit, surtout chez ceux qui poursuivent des études supérieures en droit, il y a un nombre croissant de gens qui s'intéressent aux aspects sociaux, économiques et politiques du droit, beaucoup plus que lorsque j'ai commencé au CRDP, il y a plus de vingt-cinq ans. Cette évolution est vraiment très marquée. Dans la nouvelle génération d'étudiants, plusieurs sont très sensibles aux dimensions sociales et à la critique du droit. Si bien que, dans mes cours de sociologie du droit, j'ai des étudiants très réceptifs. Évidemment, je n'enseigne pas à l'ensemble des étudiants : mon cours est facultatif, les étudiants s'y inscrivent librement. Mais ce que l'on constate, c'est que, lorsqu'ils rédigent leur mémoire ou leur thèse, beaucoup d'étudiants veulent y ajouter ce qu'ils appellent un volet sociologique ou économique, et décident pour cela d'entreprendre un programme de lecture en sociologie. Il m'arrive couramment de diriger des programmes de lecture d'étudiants dont, par ailleurs, je ne suis pas le directeur. Ils viennent à moi pour se faire guider ou conseiller, pour enrichir leur mémoire ou leur thèse d'une approche sociologique, par exemple sur l'efficacité empirique du droit, ou sur sa mise en application réelle dans la vie des citoyens.

Je dois dire aussi que le programme d'études de la Faculté de droit s'est modifié à cet égard. Dès le début de leurs études, les étudiants en première année de droit sont soumis tout de suite à un cours d'introduction qui ouvre des perspectives sociales, économiques, politiques. Cela, je pense, a une influence importante sur le reste de leurs études. Mais en général, dans l'ensemble des facultés de droit, l'enseignement, surtout au niveau du baccalauréat, demeure trop marqué et influencé par la conception que se fait le Barreau du droit et de la pratique du droit.

■ *Les étudiants réalisent assez tôt que le droit, c'est non seulement un code qui évolue dans le temps, mais aussi quelque chose qui participe à la construction de l'imaginaire social. Lorsqu'on lit vos travaux, on constate que vous avez beaucoup réfléchi sur la question du droit. Vous revenez assez régulièrement sur les dimensions symboliques, les dimensions imaginaires du droit. Vous écriviez par exemple que « dans nos sociétés modernes, le droit est beaucoup plus susceptible que dans d'autres de recueillir le travail de l'imaginaire social, d'être le dépositaire du fruit de ce travail », au point où le droit devient lui-même une idéologie à laquelle on attribue une efficacité qui lui est propre. En vous référant à Max Weber, vous souligniez que le droit est devenu le fondement de la légitimité de la domination, qu'il se substitue aux règles de la tradition. La rationalité juridique semble se développer selon une logique autonome. Pourtant, vous rappelez constamment que le droit appartient à la perception idéologique de la société, qu'il comporte un élément mythique. Est-ce que le droit n'a pas toujours été une forme d'imposition d'une logique extérieure et le dépositaire à la fois d'une idéologie et d'un imaginaire social ?*

Vous avez raison. Le droit s'impose aux citoyens de l'extérieur, ce qui le distingue de la morale, qui en principe appartient à la conscience des personnes, qui forme cette conscience. Le droit est fait et imposé par une autorité : État, prince, anciens, etc. Et, qui plus est, cette réglementation extérieure porte sa logique propre. La logique du droit n'est cependant pas universelle, elle est différente d'une civilisation à l'autre. En Occident, le droit s'est construit et a évolué selon une rationalisation et une formalisation croissantes. Cela veut dire que ce droit considère chaque individu comme étant rationnel et prétend que les règles qu'il lui applique sont inspirées par la seule rationalité. C'est là sa logique propre. Elle s'applique aussi bien aux procédures de production et d'utilisation du droit qu'au fond lui-même, à l'ensemble des règles qui en sont la matière. Un facteur qui a joué un rôle déterminant dans cette évolution, c'est certainement la professionnalisation des juristes, les porteurs du droit. Dans le monde occidental moderne, la profession juridique s'est développée comme jamais et nulle part ailleurs, et elle a évidemment contribué à rationaliser et à formaliser le droit.

Mais il y a ici un paradoxe à souligner. Tout en étant rationnel comme il l'est devenu, le droit porte toujours en lui une part d'imaginaire. Il ne faut pas croire que la rationalité tue l'imagination dans la production et l'application du droit. Au contraire. Les juristes ont beaucoup d'imagination, soit pour inventer du nouveau droit, soit pour faire dire à des lois ou des règlements ce qu'on n'avait pas pensé qu'ils allaient vouloir dire. C'est un premier aspect de l'imaginaire inhérent au droit. Mais il y en a un second : le droit est porteur des idéologies dominantes d'une société, d'un pays, d'une nation, donc d'une culture et d'une civilisation. Il en porte les valeurs, les idées fondamentales, les conceptions de la société dans son temps historique.

Parce que le droit est devenu très présent, il fait partie de l'imaginaire collectif. Par exemple, aujourd'hui, on peut dire que la notion de nation elle-même s'exprime à travers des formes juridiques. On trouve des liens étroits entre l'imaginaire juridique et l'imaginaire politique dans sa définition. Il est donc aisé d'observer la présence du droit dans la conception que se font d'elles-mêmes la société d'aujourd'hui et ses institutions. S'il y a une société définie par la logique de son droit, c'est bien la société capitaliste, qui est régie par un droit fondé sur le respect de la propriété individuelle.

Le droit des pays socialistes est encore plus explicitement éducateur de l'idéologie collectiviste. Le grand historien américain du droit Harold Berman a fait autrefois une analyse sociojuridique du droit soviétique. Ce qu'il montrait, c'était comment, après la révolution de 1917 en URSS, le droit était considéré comme un agent d'éducation du nouveau citoyen. C'est pour cela que, dans les débats au sujet du droit qui ont suivi la Révolution soviétique, on s'est posé la question : faut-il garder le droit ou faut-il l'éliminer ? Ceux qui ont gagné, ce sont ceux qui proposaient de garder le droit pour en faire un agent d'éducation. L'idéologie socialiste, donc, a été portée par le droit soviétique de bien des manières, si bien que Bermann le qualifiait de « parental ». C'est là un phénomène propre à nos sociétés contemporaines, un phénomène qui est allé croissant : le droit est de plus en plus présent dans la définition identitaire des collectivités. Le droit a ainsi une composante et une portée idéologiques inhérentes.

C'est aussi ce qui explique que le droit dans nos sociétés occidentales, pour ne parler que de celles-là, a pris, depuis la Révolution française et la révolution américaine, une place toujours croissante. Les sociétés antérieures n'étaient pas des sociétés de droit, elles ne connaissaient pas ce qu'on appelle l'État de droit, c'est-à-dire un État qui accepte d'être lui-même lié par le droit qu'il fait. Le droit était autrefois beaucoup plus arbitraire. Les deux grandes révolutions ont contribué d'abord à démocratiser les sociétés et ensuite à établir le pouvoir du droit.

C'est ce qui fait que les gouvernements démocratiques sont tenus d'obéir à leur propre droit. C'est, comme je le disais tout à l'heure, la définition de l'État de droit. En même temps, la société occidentale moderne n'est pas qu'un État de droit, c'est une société de droit dans la mesure où le droit s'est inséré dans le tissu des rapports sociaux, et surtout dans les rapports économiques. Le capitalisme a contribué à renforcer le droit, parce qu'il en a eu besoin pour s'établir. Je pense, là-dessus, aux thèses de Karl Marx, de Max Weber et des autres historiens de la fin du XIXᵉ siècle, les Allemands comme Sombart, entre autres. Ils insistaient sur l'importance que le droit avait eue dans la rationalisation des rapports économiques de type capitaliste, et par conséquent dans la genèse et la domination du capitalisme occidental.

■ *Vous dites aussi que le droit a un caractère mythique qui est un peu différent de l'idéologie qu'il porte. À quoi pensez-vous lorsque vous affirmez cela ?*

On peut l'entendre dans deux sens différents. Selon un premier sens, on fait allusion aux mythes que l'idéologie porte. Il s'agit alors de ce que l'on évoque en parlant des mythes fondateurs d'une société, c'est-à-dire les événements, les idées, les valeurs, les récits qui expliquent ce qu'est cette société, qui la singularisent, qui lui donnent son identité et son authenticité particulières. Par exemple, à la fin du XIXᵉ siècle, on disait que le Canada français tenait sur trois piliers : la religion catholique, la langue française et le droit français. En ce qui concerne ce dernier, il s'agissait du droit civil d'origine française que le nouveau pouvoir anglais, après la Conquête, a permis aux Canadiens de conserver dans la gestion de leurs affaires privées. En Amérique du Nord, ce droit civil français singularisait le Bas-Canada, faisait partie de sa définition identitaire. C'est toujours le cas pour le Québec, mais la valeur mythique du droit français s'est perdue : on n'entend plus dire que notre

Code civil est un rempart de notre survivance, comme on l'a longtemps cru et affirmé.

Mais il y a un second sens au caractère mythique du droit : il s'agit ici plutôt du mythe qui entoure son pouvoir et son rapport à la justice. D'une certaine manière, je dirais que le droit a d'énormes pouvoirs et, en même temps, il en a moins que ce qu'on lui attribue. J'entends par là que le droit n'est souvent efficace que grâce à d'autres systèmes normatifs auxquels il s'associe, comme la morale. On dit aujourd'hui — et cela fait maintenant partie de l'idéologie même du droit —, que le droit est différent de la morale, qu'il peut définir des règles qui sont différentes de celles de la morale. En même temps, on s'attend à trouver des rapports étroits entre le droit et la justice, dans la mesure où le droit représente la justice. On s'attend à ce que le droit ait un certain rapport avec la compassion, avec l'équité, je dirais même aussi avec le bon sens. À cause de cela, donc, la force du droit ne vient pas de lui seul, elle résulte souvent de sa complémentarité avec d'autres normativités qui sont moins formelles, que ce soit la morale, l'éthique, la déontologie ou simplement la normativité sociale, celle de l'opinion publique, celle de la pression publique. Le droit s'appuie souvent sur l'action de l'opinion publique pour avoir à la longue une efficacité. Je dirais même que le droit s'appuie aussi sur l'habitude. Par exemple, lorsqu'on a commencé à nous imposer le port de la ceinture de sécurité dans l'automobile, beaucoup d'automobilistes y étaient réfractaires. Je me souviens qu'au début ici, à Montréal, pour commencer à appliquer cette réglementation, il a fallu récompenser les automobilistes qui portaient la ceinture avant de punir ceux qui ne la portaient pas. On offrait un cadeau à l'automobiliste qui portait la ceinture lorsqu'il était intercepté par un policier. Progressivement, les automobilistes ont pris l'habitude de s'attacher au moment où ils montent en voiture. L'obligation légale devient une habitude, et on se convainc progressivement que c'est ce qu'il faut faire. On s'attache bien plus par habitude que pour obéir à la loi, tout en sachant qu'on risque une pénalité si on est intercepté.

■ *Donc, vous dites que le droit est moins puissant que ce à quoi l'on pourrait s'attendre. On lui attribue une puissance au-delà de ce qu'elle est. Vous vous êtes intéressé à l'efficacité du droit, ou à son « effectivité ». Souvent, il suffit qu'une règle soit édictée pour renouveler la représentation du réel ou les normes sociales. Le pouvoir du droit, c'est cette capacité de « normer » les comportements.*

Oui. L'efficacité du droit est une réalité très complexe et qui reste toujours un peu énigmatique. Cela m'a amené à faire un jour une distinction entre l'efficacité du droit et son effectivité. L'efficacité, c'est la façon dont le droit a des effets qui correspondent à l'intention de celui qui le fait, qu'il s'agisse du législateur, d'un tribunal ou de contractants. Par ailleurs, il y a ce que j'appelle l'effectivité : ce sont les effets qui n'étaient pas prévus, ou des effets à très long terme. J'avais travaillé sur ce thème avec une étudiante qui a fait un très beau mémoire sur le contrôle des fumeurs à l'Université de Montréal, dont j'ai parlé tout à l'heure. Ce qui est frappant, c'est que, trois ans après que la réglementation a été instaurée, la plupart des fumeurs ont continué à fumer dans les lieux (salles de cours, corridors, bureaux) où c'était pourtant interdit. Le règlement n'a pas été efficace sur le coup, malgré les contraventions qui menaçaient les fumeurs et qui effectivement étaient imposées dans certains cas. Quand je fais lire cette recherche à des étudiants aujourd'hui, ils sont très étonnés, parce que la question du contrôle des fumeurs n'existe plus. Les étudiants, le personnel et les professeurs ont accepté la règle et ont pris l'habitude de ne pas fumer dans les lieux où c'est interdit, à l'université et dans les autres lieux publics. Donc, il y a vraiment, à la longue, un changement qui s'est produit. Mais dans quelle mesure ce changement est-il dû au règlement lui-même ou à d'autres facteurs, comme la pression des non-fumeurs ? Dans l'étude qui a été faite par cette étudiante, Valérie Demers, on voit l'importance qu'a eue le règlement, non pas par lui-même, mais en ce qu'il a le pouvoir des non-fumeurs sur les fumeurs. Les non-fumeurs se sont sentis renforcés dans leur campagne par le fait qu'il y avait une réglementation. C'est ce que j'appelle l'effectivité, un effet en lui-même non voulu, non recherché par les auteurs du règlement. Ce règlement n'avait pas pour but d'intervenir dans les rapports de pouvoir qui se jouaient à l'époque entre les fumeurs et les non-fumeurs. L'efficacité du droit est donc à étudier cas par cas en quelque sorte. C'est difficile de généraliser sur l'efficacité du droit, sauf en répétant que le droit n'agit pas seul.

■ *Certaines législations acquièrent un caractère symbolique qui dépasse de beaucoup la loi elle-même. Par exemple, dans le cadre québécois, il y a eu la loi 101. Toutes les fois que l'on a voulu en modifier un aspect, plusieurs sont intervenus sur le fait que ce que l'on voulait changer finalement, c'était le statut du français au Québec. À l'échelle canadienne, il y a la Loi sur la santé qui a acquis ce caractère symbolique, mais aussi la Charte canadienne des droits et libertés.*

Cela nous ramène aux dimensions mythiques du droit, et qui correspondent à une certaine idéologie, une représentation de notre identité collective. La loi 101, que vous venez de rappeler, est caractéristique à cet égard. Elle est une loi linguistique, mais pas seulement. C'est une loi qui a activement contribué à la redéfinition de la société québécoise. Elle a eu une grande influence sur la transformation des rapports de pouvoir au sein de la société québécoise et sur la conscience collective des Québécois. Elle n'est pas qu'une loi, elle est un symbole du Québec.

De leur côté, les chartes des droits et libertés sont inspirées par l'idéologie d'une société qui se dit et se veut libérale, en ce sens qu'elle accorde primauté au respect de la personne et à la défense et à la protection des droits de la personne. Autre évolution très importante : depuis cinquante ans à peu près, les idéologies s'installent dans ce qui s'appelle le droit public, c'est-à-dire tout le droit qui concerne les rapports entre l'État et le citoyen : le droit de l'éducation, le droit de la santé, le droit de l'environnement. C'est une des grandes transformations du droit des pays occidentaux que la prolifération, parallèlement au droit privé, du droit public, et cela à la faveur du développement de l'État-providence. Ce droit public est le dépositaire de l'idéologie de la social-démocratie, de l'État-providence. Le développement du droit public a beaucoup contribué au caractère mythique et à la portée idéologique du droit dans nos sociétés contemporaines. Il exprime d'une certaine manière la société qu'il gère. Le droit public non seulement exprime l'idéologie, mais cherche à l'actualiser. Par exemple, dans le droit de l'éducation du Québec, tout ce qui touche l'enseignement privé fait partie d'une certaine conception que l'on a voulu garder du Québec. C'est là que repose notre idéologie collective concernant l'enseignement privé, que l'on soit d'accord ou non. Personnellement, je ne suis pas d'accord, mais c'est un fait. Cette partie du droit de l'éducation est une manière d'actualiser une conception du système d'enseignement selon laquelle on doit subventionner un réseau d'enseignement privé au primaire, au secondaire et au collégial.

■ *Il est beaucoup question d'« inflation », de « prolifération », d'« hypertrophie », d'« hyperactivité » ou de l'« emprise du droit » dans vos écrits. La prolifération du droit s'accompagne de celle des revendications pour la reconnaissance de droits (au logement, au travail, à une vie saine, à un environnement préservé, à la dignité, etc.). Est-ce que la multiplication de ces revendications mine le caractère apparemment consensuel du droit? Cela marque-t-il finalement l'hégémonie du juridique dans nos vies, le fait que nos rapports sociaux ne peuvent être aménagés qu'en vertu de droits reconnus.*

Comme vous le dites, c'est le caractère hégémonique du droit qui engendre ainsi tout ce monde des droits. Les rapports qui existent entre le droit objectif et les droits subjectifs, ce sont des rapports dialectiques complexes : à partir du moment où le droit objectif se développe, il accorde aux citoyens des droits subjectifs toujours plus nombreux. Le droit de l'éducation donne ouverture à des droits à l'éducation ; le droit de la santé ouvre la porte au droit à la santé. De ce fait, l'invocation de droits subjectifs a contribué à son tour à engendrer le droit objectif dans la mesure où les législateurs se voient tenus de répondre à une demande croissante. Il y a ainsi une relation dynamique, dialectique et en quelque sorte circulaire entre le droit objectif et les droits subjectifs, et cela fait partie du mouvement incessant qu'il y a dans le droit, surtout dans une société de droit. Évidemment, cela paraît presque infini, cette montée des droits subjectifs. Non seulement on en a reconnu à l'ensemble des citoyens, mais aussi à des groupes de plus en plus particularisés ; droits subjectifs pour des minorités, pour les enfants, pour les femmes. On a de la sorte catégorisé de plus en plus les droits subjectifs, accroissant encore la prolifération du droit.

Ce qui m'apparaît intéressant du point de vue sociologique, c'est que ces droits subjectifs font partie de la culture juridique profane, qui cohabite avec la culture juridique savante des juristes, de ceux qui sont les spécialistes, les « porteurs du droit » comme dit Max Weber. Chaque citoyen ordinaire a une certaine culture juridique, certaines connaissances du droit. Il a aussi un comportement et des attentes à l'endroit du droit. C'est tout cela que j'appelle la culture juridique profane. Elle est évidemment devenue de plus en plus importante dans notre société démocratique. Mais, en même temps, c'est une culture juridique qui est constamment dépassée du fait que le droit, à cause de la prolifération de lois et de décisions judiciaires, est devenu infini. Avec le nombre de lois, les règlements en découlant sont devenus encore plus nombreux. Même les juristes ne peuvent pas connaître tout le droit, donc les citoyens ordinaires encore bien moins. Pourtant, on est tous soumis au droit et, en principe, on est censé ne pas l'ignorer. Nous vivons dans cet étonnant paradoxe. Mais cette culture juridique profane, les analyses nous révèlent à quel point elle est complexe et multiple. Mon collègue Pierre Noreau a fait des enquêtes sur la connaissance du droit et les attitudes envers le droit selon le niveau de l'éducation. Chez un échantillon représentatif de la population québécoise adulte, il a constaté que, selon le niveau de l'éducation, les attentes et les attitudes à l'endroit du droit sont très différentes, de même que les attitudes à l'endroit des juges et des avocats. Cette culture juridique profane n'est donc pas univoque. Elle est encore plus multiple avec l'arrivée de nouveaux citoyens venant de l'étranger, qui portent la conception du droit de leur pays d'origine. La culture juridique profane des immigrants et l'évolution de cette culture sont une dimension très importante de l'immigration, qui est malheureusement peu étudiée. Les études sur l'immigration n'ont pas assez tenu compte de ce phénomène d'intériorisation, d'acculturation des immigrants au droit national du pays d'accueil. Par exemple, de nouveaux citoyens essaient de vivre dans la tension entre la charia et un droit laïcisé. Mais cette confrontation de cultures juridiques ne tient pas qu'à l'immigration. C'est la même qui se produit entre le droit de la religion catholique, qui refuse le divorce, l'avortement, le mariage gai, et le droit national, qui les reconnaît, ou à tout le moins les tolère.

■ *Et puis, dans cette prolifération des discours qui se réclament du droit, il y a des revendications contradictoires. Pourquoi a-t-on de plus en plus recours à cette référence au droit ? Peut-on y échapper ? Pourquoi les revendications des groupes sociaux adoptent-elles le langage du droit ?*

Parce qu'on sent bien que le changement social se fait souvent par le changement de normes juridiques. C'est-à-dire qu'un changement planifié se fait par un changement de normes. C'est pour ça que je me suis intéressé à la sociologie des réformes sociales. Les réformes, nous en avons déjà parlé, se réalisent justement par des changements de normes, qu'elles soient juridiques ou non juridiques. Il n'y a pas de réforme qui ne modifie pas des normes, et quand on veut, dans une société comme la nôtre, entreprendre des changements, on ne peut pas éviter de mobiliser le droit. Que ce soit dans une institution comme l'université ou dans un mouvement social, pour la protection de l'environnement, par exemple, on essaie toujours soit de changer une loi, soit de s'opposer à une loi qui nous semble menacer ce qu'on croit être juste. Je dirais que, dans la société contemporaine, le droit fait partie des contestations, des luttes sociales.

Le droit moderne est très influencé par le fait que nous vivons dans des sociétés marquées par ce que Weber a appelé le « polythéisme des valeurs », la multiplicité des valeurs et leur affrontement. Le droit peut être ballotté entre ces valeurs ; le législateur, un tribunal se voient obligés de prendre parti pour une option plutôt qu'une autre. À certains moments, le droit va d'un côté. À d'autres, il va de l'autre côté. Par ailleurs, il est, dans notre société moderne, l'institution dont on se sert le plus pour réaliser des compromis entre des valeurs divergentes. Il n'y a pas d'autre institution qui ait cette fonction en priorité ; on attribue au droit une mission stabilisatrice, la fonction d'assurer et de protéger un certain ordre social tout en participant activement au changement. Lorsqu'il n'est pas manipulé par une idéologie totalitaire, il apparaît comme étant souvent dans une position intermédiaire pour satisfaire un peu à gauche et un peu à droite, un peu en haut et un peu en bas.

■ *Il est un lieu de lutte sociale, en fait. Dans l'univers juridique, il ne peut y avoir de demi-gagnant ou de demi-perdant, la norme existe et elle s'impose à tout le monde.*

Oui, mais ça dépend comment et pourquoi la norme est édictée. Il arrive qu'on utilise le droit pour faire des demi-perdants et des demi-gagnants. Par exemple, le gouvernement de Robert Bourassa a fait un compromis sur la langue d'affichage. L'histoire de la législation linguistique québécoise ressemble à un mauvais jeu d'équilibre depuis l'adoption de la loi 101 : les législateurs successifs et les tribunaux ont cherché à satisfaire les tenants de cette loi et de donner en même temps quelques satisfactions à ses opposants. Ni les uns ni les autres n'ont travaillé à renforcer la loi 101, ils l'ont toujours affaiblie un peu plus. C'est la même chose dans le domaine de la santé, avec la législation inspirée par la décision de la Cour suprême concernant la possibilité d'utiliser de l'assurance privée dans notre système québécois. Le droit, en lui-même, est une « nature morte », il n'existe que par ceux qui l'utilisent. Ceux qui gèrent le droit, c'est-à-dire le législateur et le tribunal, vont essayer de ne provoquer ni trop de colère ni trop de frustration. D'où le côté conservateur du droit, qui cohabite par ailleurs avec sa participation au changement. Le droit a ce côté conservateur dans la mesure où la préoccupation de ceux qui le font ou l'interprètent est de maintenir un certain ordre social, c'est-à-dire l'ordre social dominant ; ils ne s'associent au changement généralement qu'à l'intérieur de cet ordre.

■ *J'aimerais que l'on revienne sur la question de la prolifération du droit avec la multiplication des normes, des règlements. Est-ce qu'on a assisté à un rétrécissement de l'espace privé, des libertés individuelles, ou a-t-on assisté à un phénomène différent ? Est-ce qu'il y a là un paradoxe ? Nos sociétés démocratiques ont de plus en plus mis l'accent sur la nécessité de rendre les individus maîtres de leur propre destinée alors que, d'un autre côté, l'univers dans lequel on évolue est de plus en plus codifié.*

Le droit est fait de contraintes, c'est sa nature, son essence. Dans la mesure où le droit se multiplie, on multiplie les contraintes. Le paradoxe est qu'en même temps cette multiplication du droit est une condition de notre liberté. Le droit nous confère en même temps des obligations et des droits subjectifs. Il y a donc ce paradoxe dans le rapport entre la liberté et le droit : la liberté a constamment besoin d'être redéfinie par le droit en même temps que le droit multiplie les contraintes et fixe les limites de cette liberté. C'est avant tout le cas dans nos sociétés contemporaines : on y a développé une législation de la liberté, ce qui est assez étonnant, même contradictoire dans les termes. Les chartes institutionnalisent ce paradoxe : il a fallu légiférer pour nous dire quelles étaient nos libertés, et du même coup les baliser, les encadrer, les juridiciser jusqu'à parfois nous priver de certaines.

■ *Les chartes protègent les citoyens contre les excès de l'État, elles assurent la protection de nos libertés contre l'État. Dans ce sens-là,*

*c'est un peu paradoxal que ce soit l'État lui-même qui nous pro-
pose nos libertés. Mais il y a toujours ce grand paradoxe de la
liberté chez l'être humain : tenons-nous à nos libertés, en voulons-
nous ?*

J'ai toujours été impressionné par « La légende du grand
inquisiteur » dans *Les Frères Karamazov,* ce chef-d'œuvre de
Dostoïevski. Le grand inquisiteur explique pourquoi son rôle
est important. C'est que, dit-il, les êtres humains ne veulent
pas de liberté. Je leur apporte des réponses, et avec les réponses,
les ordres. Il est celui qui prend sur lui leur liberté et, ainsi, leur
assure qu'ils sont libérés du poids de la liberté. Je trouve qu'il
y a quelque chose de très profond dans cette image du grand
inquisiteur parce que, d'une certaine manière, il est ce que
représente le droit. Il vient nous dire quels sont nos droits
subjectifs, mais en les encadrant dans toute une série de
contraintes, de réglementations qui sont, jusqu'à un certain
point, rassurantes, parce que nous pouvons croire que les
autres vont, comme nous-mêmes, s'en tenir à ces contraintes.
Les contraintes du droit sont efficaces en ce que celui qui les
vit peut croire que les autres vont eux aussi les accepter. Dans
la société moderne, nous ne pouvons plus en principe utiliser
la violence, nous n'avons plus le droit de nous faire justice,
nous avons confié ce droit et cette obligation à l'État. Le droit
vient nous rassurer sur le fait que nous vivons ensemble dans
un certain respect de l'ordre et un certain respect de ce qui
doit se faire, parce que les règles sont pour les autres autant
que pour soi.

C'est ainsi que l'acceptation par chacun des contraintes
et des limites de la liberté répond à un profond besoin de
rassurance, étant donné tous les dangers que l'on rencontre
dans la société. La société, on le sait, est faite d'un grand
nombre de risques et de menaces, qui viennent des autres, qui
viennent aussi de décisions que l'on n'arrive pas à com-

prendre, et d'événements dont on n'arrive pas à contrôler les conséquences. Nous avons confié à l'État le pouvoir et le devoir de nous rassurer, que celui-ci délègue à son tour à un très grand nombre d'institutions, publiques et privées, comme les institutions d'éducation, de santé, professionnelles, syndicales. Cela nous permet de vivre dans la probabilité que les règles qu'édictent tous ces corps sociaux seront respectées au moins par la majorité.

■ *Et il y a aussi le fait qu'on vit dans des sociétés anonymes. Lorsque les gens vivaient dans de petits villages, les dissensus étaient plus facilement réglés par le dialogue ou la contrainte sociale. La dépersonnalisation de la société, ce n'est pas juste l'individualisation, c'est aussi l'anonymat.*

C'est très juste et, dans ce contexte d'anonymat et de dépersonnalisation, le droit représente un facteur d'identité. Je veux dire par là que, dans nos sociétés modernes, c'est d'abord par le droit que chacun de nous existe ; le droit confère à chacun une personnalité dite juridique, une identité, une existence sociale, des statuts particuliers. Et puis le droit contribue à définir, à clarifier, à distinguer nos rapports avec les autres individus et collectivités.

Pour exercer ces pouvoirs sociaux, le droit a besoin qu'une légitimité lui soit reconnue. Dans les sociétés modernes, le droit doit développer sa propre légitimité. Pendant très longtemps, le droit a été conçu et accepté comme l'émanation d'un pouvoir politique étatique qui se disait le représentant du pouvoir divin. C'était au nom d'un pouvoir divin que le prince pouvait légiférer et qu'on lui accordait cette autorité. La société a laïcisé le pouvoir politique et du même coup le droit, si bien que le droit a ainsi perdu une de ses grandes bases de légitimité. Les philosophes du droit ont tenté de pallier cette faiblesse en utilisant la notion de droit naturel. Mais cette notion a aussi perdu des plumes, parce qu'au fond on ne croit plus beaucoup à son existence. Donc, nous restons avec le droit laïque. Sur quel fondement alors peut-il maintenant prendre appui pour se légitimer ? Paradoxalement, le droit laïque puise sa légitimité dans le seul fait que l'opinion populaire la lui reconnaît, en l'associant à un certain idéal de justice. Détaché de son assise métasociale, le droit moderne est légitime tout simplement et paradoxalement parce qu'on l'accepte comme tel.

Bien sûr, on peut dire que le droit est légitime parce qu'il est édicté et sanctionné par un État légitime. Mais ici encore, le paradoxe n'est pas mince : l'État légitime le droit, et c'est le droit qui légitime l'État de droit. Le droit et l'État s'autolégitiment, dans nos sociétés laïcisées, dans une sorte de circularité close. En cela se résume la force et la faiblesse du droit et du pouvoir politique contemporains. Au fond, je dirais que cette légitimité du droit, elle se fonde en définitive sur le besoin que nous avons tous de nous protéger les uns contre les autres et contre notre État, et en même temps d'avoir recours à ce que le droit peut nous apporter dans notre constante quête de justice.

■ *Le droit cherche à promouvoir la justice d'une certaine manière. En fait, il en tire sa principale légitimité. Dans le contexte de la modernité, quelle est l'efficacité du droit dans la promotion de la justice ? L'accent, je pense, est mis davantage sur l'efficacité que sur la justice.*

Dans le langage courant, et peut-on dire aussi dans l'ordre idéal des choses, le droit est synonyme de justice. Les tribunaux s'appellent la Justice, ce qui est en partie illusoire. Il est par ailleurs certain que le droit a été abondamment utilisé pour rendre justice à certaines catégories de la population. Pour reprendre votre formule, il me semble qu'on peut dire que l'efficacité du droit a été utilisée pour plus de justice. L'ensemble qui s'appelle le « droit du travail » en est l'illustration qui me vient d'abord à l'esprit. C'est à travers de longues luttes sociales que les ouvriers du XIXe siècle en France, en Angleterre, en Allemagne, aux États-Unis et au Canada ont progressivement acquis de leur législateur le droit d'association, le droit de négociation, le droit de grève. Ils ont ainsi acquis plus de justice, pour eux-mêmes et pour les générations qui les ont suivis.

Plus près de nous, je pense aux grands changements qui se sont produits quant au statut des femmes dans notre société. Ces changements ne sont pas dus qu'au droit, mais aussi aux changements inscrits dans le droit en ce qui concerne la définition des droits de la femme. Le droit canadien, depuis cinquante ans, a été mobilisé pour favoriser l'égalité de la femme et de l'homme. Les droits de la femme d'aujourd'hui sont tellement différents de ce qu'ils étaient il y a un demi-siècle, dans la vie domestique, dans la famille, dans la société, l'économie, la politique. Dans notre société d'aujourd'hui, les femmes sont les grandes bénéficiaires des changements du droit. Le mouvement féministe a mobilisé le droit pour changer le statut des femmes et pour leur gagner une certaine égalité.

Je dirais la même chose en ce qui concerne les immigrants. Les pays d'accueil ont dû, surtout depuis la Seconde Guerre mondiale, développer un droit des immigrants pour accorder aux nouveaux arrivants, par exemple, le droit aux services de santé publics, aux services d'éducation publique, le droit d'entrer dans la fonction publique, etc. Il y a donc toute une législation qui a contribué à la reconnaissance des droits des immigrants. Le mouvement en faveur des droits des handicapés est aussi dans la même lignée. Qu'on pense à ce que l'on a accordé pour aider les handicapés à bénéficier des mêmes services dans la société que ceux qui ne sont pas handicapés : les rampes pour accéder aux édifices publics, la possibilité pour des non-voyants ou des malentendants de suivre des cours, de passer des examens, etc. Le droit fait partie du grand débat des droits des gais et lesbiennes que l'on connaît aujourd'hui.

Je dirais donc que les acquis de la justice sociale sont les témoins de ce qu'on peut faire dans une société, en mobilisant le droit pour la rendre plus démocratique, plus égalitaire. On a, après la Seconde Guerre mondiale, démocratisé nos systèmes d'enseignement dans les sociétés occidentales en reconnaissant juridiquement le droit à l'éducation pour tous et en donnant aux citoyens les moyens d'exercer ce droit. Une certaine justice sociale est le fruit de changements que le droit a produits et accompagnés. C'est par la mobilisation du droit qu'on y est arrivé.

■ *On mobilise donc le droit pour accroître, améliorer la justice sociale. D'un autre côté, je pense que la distinction entre la prolifération du droit profane et la prolifération du droit davantage codifié pose un autre problème. Il faut maîtriser le langage du droit. Pour le citoyen ordinaire, il est de plus en plus difficile de pouvoir intervenir en utilisant ce vocabulaire complexe. Est-ce que cela contribue à favoriser la démission du citoyen vis-à-vis du droit ?*

Il ne me semble pas qu'il y ait démission du citoyen ; je crois plutôt que le citoyen moderne essaie toujours de connaître ses droits et de les mobiliser un peu mieux. C'est d'ailleurs pour répondre à ce besoin qu'ont été mises en place différentes institutions, diverses sources de renseignements, soit écrites, soit parlées. Cela dit, vous avez raison, il y a un écart constant, peut-être croissant, entre notre connaissance du droit, nous les profanes, et le droit écrit toujours proliférant. D'où la prédominance du rôle des professionnels du droit dans nos sociétés. Ils sont les détenteurs de la connaissance du droit. Dans toutes les sociétés, il y a toujours eu des professionnels du droit. Dans les sociétés traditionnelles, il y a aussi du droit, même si ce n'est pas le même que dans nos sociétés modernes. Les anthropologues ont beaucoup insisté sur le fait que les sociétés traditionnelles, non industrialisées, qu'on appelait autrefois archaïques ou même primitives, ont des formes de normativité qui correspondent à notre normativité juridique. Cette normativité juridique ne tient pas sa légitimité de l'État, comme c'est le cas dans nos sociétés modernes. C'est plutôt un droit coutumier dont la légitimité repose sur son ancienneté, sur ses sources ancestrales. Cette normativité juridique traditionnelle est connue et interprétée par une ou des personnes, des professionnels, c'est-à-dire les détenteurs des connaissances transmises oralement de génération en génération. Ces détenteurs de connaissances, généralement reconnus comme tels dans leur communauté, et dotés d'un certain prestige, agissent soit comme intermédiaires entre les personnes et les groupes lorsqu'il y a des conflits, soit comme juges lorsqu'il y a des sanctions à imposer. Il y a toujours eu ainsi, dans toutes les sociétés, des professionnels, des porteurs du droit, et une distance plus ou moins grande entre eux et les profanes. Le passage de l'oralité à l'écrit a transformé le droit, et du même coup les professionnels du droit et leur formation. L'écriture et l'imprimerie ont été deux grandes révolutions culturelles, et le droit en a été particulièrement affecté. Le droit écrit s'est multiplié, et les professionnels n'ont plus été choisis et formés comme dans les sociétés traditionnelles, mais d'une manière scolaire.

L'histoire des facultés de droit est très intéressante à cet égard. En Occident, pendant assez longtemps aux XVIIIe et

XIXe siècles, une bonne partie des juristes, avocats et notaires étaient formés dans les cabinets des praticiens, sans fréquenter l'université. Quand ils se croyaient prêts, ils se présentaient aux examens requis, qui étaient des examens du Barreau, donc des examens professionnels, corporatifs, pour être reçus comme avocats ou notaires. Les juristes étaient formés comme les artisans, d'abord comme apprentis avant de devenir maîtres. Quant aux facultés de droit, elles ont évolué depuis le début du XIXe siècle jusqu'à aujourd'hui à travers deux ou trois grandes orientations. En Europe, les facultés de droit, pendant longtemps, ont été des facultés de droit pur, c'est-à-dire des facultés qui ne formaient pas des praticiens du droit, mais qui entretenaient la connaissance du droit à travers la philosophie et l'histoire. L'histoire du droit était la première grande science sociale du droit. En Europe, pendant longtemps, les juristes ont d'abord été formés d'une manière beaucoup plus théorique que pratique. Max Weber, par exemple, avait fait ses thèses sur le droit dans les institutions romaines et le droit dans les institutions du Moyen Âge. C'était tout à fait normal à cette époque-là. Progressivement, pour toutes sortes de raisons, les facultés de droit ont évolué vers une formation plus professionnelle, avec des déséquilibres divers entre les formations théorique et pratique. Mais cette tradition marque encore beaucoup l'enseignement dans les facultés européennes.

Aux États-Unis, les grandes universités du XIXe siècle se demandaient elles aussi si elles devaient avoir en leur sein une faculté de droit. On considérait que l'enseignement du droit était un enseignement professionnel qui n'avait pas sa place dans une institution de recherche. Il a donc fallu que les facultés de droit légitiment en quelque sorte leur présence dans les grandes universités comme Harvard, Princeton et Yale, en démontrant qu'elles étaient des facultés scientifiques elles aussi, à leur manière. Donc la professionnalisation du droit s'est fondée en partie sur un enseignement universitaire qui intégrait une formation scientifique, une formation théorique et une formation pratique.

■ *Vous avez assisté à l'évolution de la formation des juristes, de l'enseignement du droit. Comment cela vous apparaît-il ?*

Au cours de la seconde moitié du XXᵉ siècle, les facultés de droit québécoises et canadiennes ont haussé de plus en plus le niveau des études en droit. Il n'y a aucune commune mesure entre l'enseignement du droit tel qu'il était en 1950 et celui d'aujourd'hui. En 1950, l'enseignement était donné presque exclusivement par des praticiens, qui venaient donner une ou deux heures de cours et retournaient à leurs affaires. Nous n'avions pas de bibliothèque de droit — ce qui est impensable aujourd'hui — ni autre texte de travail que nos codes. Les cours avaient lieu de 8 heures à 10 heures et de 16 heures à 18 heures, pour permettre aux professeurs de vaquer à leurs occupations. Entre ces deux périodes de cours, nous étions livrés à nous-mêmes, sans même avoir accès à une bibliothèque où tuer le temps ! Et surtout, la jurisprudence, c'est-à-dire l'analyse des jugements des tribunaux faisant autorité, si importante aujourd'hui, n'apparaissait jamais dans l'enseignement de cette époque.

Depuis, le droit a énormément proliféré, le droit public, en particulier, a pris une telle ampleur à la faveur de l'État-providence. L'enseignement du droit a dû suivre et se diversifier toujours davantage suivant les nouvelles sphères que le droit est venu occuper. En cinquante ans, il s'est formé un corps puissant de professeurs de droit. Enseigner le droit, faire de la recherche en droit est devenu une carrière, qui n'était pas reconnue auparavant. Et chacun de ces professeurs est devenu un spécialiste d'une partie du droit. L'enseignement du droit est devenu savant.

Et puis, longtemps confinées au baccalauréat (autrefois appelé licence), les facultés de droit ont ouvert un enseignement à la maîtrise et au doctorat, devenu assez populaire chez une nouvelle clientèle. Il en résulte un écart entre les études supérieures et le marché du travail traditionnel : les cabinets d'avocats et de notaires considèrent que des candidats qui ont un doctorat ou une maîtrise sont surspécialisés, qu'ils voudront être considérés comme des chercheurs, ce qu'un bureau d'avocat ne peut pas se permettre.

En réalité, la plupart des étudiants inscrits aux études supérieures en droit ne se destinent pas à la pratique traditionnelle, mais plutôt à une carrière d'enseignement et de recherche. On a ainsi, entre la profession et la faculté de droit, une dialectique très particulière. La formation au baccalauréat en droit reste marquée par les exigences de la pratique du droit, par l'esprit et même par les bras du Barreau. En revanche, les études supérieures en droit échappent au Barreau, elles appartiennent à un autre ordre : l'ordre universitaire. Les étudiants qui décident de faire des études supérieures acceptent en général du même coup de ne pas faire dans la pratique.

■ *Les chercheurs du droit réfléchissent sur la pratique, étant souvent eux-mêmes des praticiens. Contribuent-ils à modifier la perception du droit à l'intérieur de la profession, ou y a-t-il encore ce clivage ? Ces gens-là ne se parlent-ils pas ?*

Il y a un certain clivage entre la pratique du droit et la recherche, plus marqué qu'il ne l'est en médecine. En médecine, le lien entre la clinique et la recherche demeure étroit. Le corps médical, en général, est attentif aux analyses et aux conclusions des recherches qui se poursuivent dans les facultés ou dans les laboratoires. C'est moins le cas en droit. Cependant, les professeurs de droit servent souvent de conseillers auprès de praticiens, qui retiennent leurs services de diverses manières. Et il arrive que les tribunaux supérieurs s'inspirent explicitement ou implicitement des écrits de professeurs.

■ *C'est un peu normal parce que le droit, finalement, c'est une norme, alors que la recherche en médecine porte sur des pratiques ou des produits qui peuvent être développés pour améliorer la santé. Le caractère appliqué est plus évident. Des gens qui réfléchissent sur la norme peuvent être moins bien reçus par les praticiens.*

Les professeurs et chercheurs en droit travaillent à clarifier la norme. C'est ce qu'ils apportent aux praticiens. À cet égard, ils continuent à modifier la notion du droit : celui-ci devient une science.

Je me souviens d'une question qui m'a été posée il y a bon nombre d'années déjà par un collègue de la faculté : « Est-ce qu'à tes yeux, Guy Rocher, le droit est une science ? » Et l'autre jour, je donnais un cours à des étudiants sur la sociologie du droit, et une étudiante m'a posé la même question. Ma réponse : le droit est une science normative. Il est une science dans la mesure où on accepte que la notion de science ne soit pas limitée aux disciplines qui utilisent la méthode expérimentale traditionnellement établie depuis Francis Bacon, et que, par exemple, la morale, l'éthique, la déontologie sont aussi des sciences.

Mais il y a plus, parce que le droit est un cas très particulier dans le domaine scientifique : en même temps qu'il est une science normative, le droit comporte un ensemble de méthodes de recherche propres. Le droit est aussi une science interprétative, ce que n'est pas exactement la morale. Le juriste a dû apprendre à interpréter le droit selon les canons de l'interprétation, si bien que, dans l'enseignement du droit, l'interprétation est une partie importante du curriculum. Donc, je dirais que la science juridique n'est pas qu'une science normative, elle est aussi une science de l'interprétation : interprétation de la loi, de la jurisprudence, de la doctrine, des écrits des savants du droit. Dans ce sens-là, le droit est une science assez unique : c'est une science de normes dont la compréhension et l'application sont fondées sur des règles d'interprétation strictes.

La connaissance et la pratique du droit exigent donc une grande rigueur intellectuelle. On sait que les juristes se targuent de faire preuve de rigueur dans l'utilisation de la langue, parce que le choix des termes en droit est capital. Choisir un terme plutôt qu'un autre peut avoir d'énormes conséquences pour le justiciable devant les tribunaux. Les juristes ont donc un grand souci de la précision linguistique. De ce point de vue là aussi, il y a une dimension scientifique du droit, dans l'utilisation de la langue. D'ailleurs, une science s'est développée qui s'appelle la jurilinguistique, la science de la bonne utilisation des termes en droit.

La langue est le matériau du droit. Et on peut dire que le droit d'une nation reflète la langue nationale parlée et écrite en même temps qu'il peut l'influencer. Or, au Québec, le droit a été un reflet de notre colonisation par l'anglais dans la mesure où il a été marqué par des anglicismes que l'on a corrigés progressivement. Il n'y a pas si longtemps, on parlait d'un « bill » pour décrire ce qu'on appelle maintenant projet de loi, on parlait d'« arrêtés en conseil » au lieu de décrets. On sait combien les conventions collectives du milieu de travail étaient bourrées d'anglicismes. Des juristes se sont employés à franciser d'une manière vraiment scientifique le droit québécois. Mon vieil ami, Robert Auclair, un ancien juge, a été un apôtre de la francisation du discours juridique québécois.

■ *Le droit québécois — l'interprétation qu'on faisait du Code civil — n'était-il pas influencé par le Code civil français ?*

Oui, notre Code civil, grâce à son modèle français, garde son esprit français, qui est inscrit dans son origine, sa source. Il y a cependant une importante différence entre la France et le Québec : ici, sous l'influence et sur le modèle des institutions anglo-américaines, la jurisprudence a pris une grande autorité, autant en droit privé qu'en droit public. Les étudiants français qui viennent étudier dans nos facultés québécoises sont étonnés et même désarçonnés devant le poids accordé ici aux décisions judiciaires dans l'interprétation du Code et des lois. Ce n'est pas du tout le cas dans l'enseignement du droit en France.

■ *Vous parliez aussi du transfert de la morale au droit, du fait que la distinction entre le droit et la morale est plus difficile à soutenir. En fait, vous écriviez : « La distinction entre droit et morale est plus facile à soutenir lorsqu'il existe un consensus suffisant en matière de morale. Tel n'est plus le cas dans la société québécoise [...] : le pluralisme religieux et moral est un des traits de ce que l'on a appelé la modernité. » Est-ce que le droit se substitue à la morale, la remplace, au moins dans le discours public, ou est-il une formalisation de la morale de la majorité ?*

Le droit est porteur de la morale de la majorité, il en est le réceptacle formalisé, il s'inspire des valeurs dominantes d'une société à une époque donnée et les exprime sans se substituer totalement à la morale, qui garde sa spécificité. D'ailleurs, le paradoxe, c'est que plus la confusion entre le droit et la morale est possible, plus le droit tient à dire qu'il est différent de la morale. Plus que jamais, inspiré par le positivisme juridique, le droit moderne réclame son autonomie vis-à-vis de la religion et de la morale. C'est le point de départ de tout traité de droit. La morale définit le bien et le juste à partir d'une autre logique, celle de valeurs universelles. Le droit a aussi sa prétention à l'universalité, mais dans le cadre d'une culture juridique particulière et d'un ordre social donné, par conséquent des valeurs d'un pays, d'une nation, d'une civilisation.

■ *Le droit a donc aussi un rapport au juste, au bien, au désirable.*

Oui, c'est sa prétention. C'est aussi ce que tout citoyen attend de lui. Mais il le fait avec une logique particulière qui est propre à la pensée juridique. Le droit refuse d'être incohérent, du moins en apparence. À cause de cela, la logique juridique est construite sur le passé du droit, qui s'inspire bien sûr de valeurs, mais qui les transforme selon sa pensée propre. Le droit d'un pays a été créé par sédimentation, c'est-à-dire par l'ajout de couches successives de nouvelles règles et normes. Cela a fait que, lorsque le droit s'adresse à de nouveaux problèmes, il leur apporte une solution à partir de cette sédimentation qui fait sa logique. Or, cette logique et cette sédimentation échappent au profane, qui peut rester étonné, même scandalisé, par une décision d'un tribunal ou d'une administration, par exemple. C'est sur cette réalité du droit qu'est fondée la théorie qui a été développée par certains théoriciens et philosophes du droit, qu'ils appellent l'autopoïèse du droit, l'autoreproduction du droit. Le droit se reproduit lui-même. Il se reproduit de l'intérieur, c'est-à-dire qu'il n'y a que le droit qui accepte de reconnaître du nouveau droit, selon sa logique singulière. C'est là le fondement de l'autonomie totale du droit. On se trouve ici devant un paradoxe important. Le droit se réclame, en vertu de sa logique, d'une autonomie totale, mais en même temps le droit vit dans un état de dépendance totale vis-à-vis de son environnement social, culturel, économique et politique, parce qu'il ne cesse de se modifier pour répondre à ses demandes. Le droit connaît donc à la fois une indépendance totale et une dépendance totale, c'est son paradoxe.

■ *Le droit, pour être accepté, doit incarner une norme qui est aussi morale. Par exemple, le droit à la vie a influencé tout un débat sur la question du droit à l'avortement. J'ai de la difficulté à comprendre l'autonomie totale du droit vis-à-vis de la société, vis-à-vis des normes sociales et même des normes associées à la laïcisation du droit.*

Je dirais que le droit se construit une autonomie totale, qu'il se dénie à lui-même en même temps. Son autonomie totale vient du fait que les juristes recherchent sans cesse à respecter, à sauver, à reconstruire la cohésion interne du droit, la cohérence des lois entre elles, la cohérence des décisions rendues par les tribunaux. Mais les juristes sont par ailleurs des gens pragmatiques, en lien avec les réalités de la vie sociale, qu'ils connaissent bien. Ils s'emploient donc à accommoder, à harmoniser la cohérence interne du droit et le fait qu'il est appelé à s'appliquer dans la vie des citoyens. Et puis le législateur ne perd pas de vue ses idéologies, ses propres intérêts tout autant que l'intérêt public. C'est pourquoi il est dans la nature du droit de rechercher à la fois son unité interne, ses rapports aux valeurs et son applicabilité.

Pour reprendre l'exemple de l'avortement, une majorité peut considérer l'avortement comme moral, tandis que le droit en fait un crime. C'est ainsi que le droit peut manifester son autonomie et sa dépendance. Des hommes et des femmes politiques peuvent être écartelés entre leur morale personnelle ou celle de la majorité et les principes politiques et juridiques sur lesquels ils fondent leur décision.

■ *On peut aussi dire, par exemple, qu'une grande proportion des Canadiens est en faveur de la peine de mort.*

Voilà un autre exemple, très fort, qui illustre le même écart entre l'opinion publique et le droit canadien, qui refuse la peine de mort. Des cas comme ceux-là permettent de voir, un peu comme sous un microscope, en quelque sorte, la distinction entre ce qui peut être juridique et ce qui peut être moral, entre le permis et l'interdit. Ce sont en quelque sorte des cas extrêmes. Mais, en dehors de ceux-là, il y a toute une marge très confuse de rapports entre la justice et le droit, entre la compassion et le droit, entre l'équité et le droit. C'est dans ces zones que se trouve, dans nos sociétés laïcisées, une porosité du droit et de la morale. Pour régler un bon nombre de nos problèmes moraux collectifs, à qui faisons-nous appel ? Nous nous adressons soit au législateur, soit aux tribunaux. C'est vers eux maintenant que l'on se tourne. C'est à eux que l'on demande de régler nos problèmes moraux concernant l'avortement, la peine capitale, l'euthanasie, le suicide assisté, les mariages entre conjoints de même sexe, etc. Le droit s'est substitué à la morale, à la morale religieuse en particulier. C'est une lourde responsabilité pour le législateur et pour les tribunaux, une responsabilité qui, jusqu'à un certain point, les dépasse. Ils sont devenus les définisseurs de notre moralité, à travers la solution qu'on leur demande d'apporter par le droit aux problèmes moraux qui surgissent.

■ *C'est là où entre en ligne de compte un concept sur lequel vous avez beaucoup travaillé, celui de l'internormativité. Alors comment le définiriez-vous ?*

J'entends par là les interinfluences qui existent entre ce que dit le droit et ce que proposent ou imposent d'autres normativités, comme la normativité administrative, ou la normativité d'un ordre professionnel, la normativité morale ou déontologique, ou les normativités techniques. Si je me suis intéressé à l'internormativité, c'est que je dis souvent que le droit est à la fois fort et faible. Il est fort tout simplement parce qu'on lui reconnaît une force dans la société, mais il est faible parce qu'il a besoin, assez souvent, de s'appuyer sur d'autres normativités pour être efficace. L'internormativité est un terme qui nous vient de Jean Carbonnier, juriste français également sociologue du droit, et que j'ai utilisé en le transposant à ma manière. Je trouve que l'internormativité explique une bonne partie de ce qui se passe lorsqu'on étudie l'application du droit. Ce qui m'intéresse, ce sur quoi j'ai travaillé, c'est ce que j'appelle « les deux moments du droit ». Il y a le moment où l'on crée le droit, et il y a le moment où on l'applique. Ce sont pour moi les deux grands moments. Dans mes cours, je fais travailler les étudiants sur ces deux moments du droit. Or, l'internormativité sert à éclairer ce qui se passe dans l'un et l'autre de ces deux temps. Dans le premier, elle aide à éclairer les diverses sources d'une loi, d'un règlement ; dans le second, elle détermine l'efficacité ou la non-efficacité d'une règle.

C'est souvent très intéressant de voir les liens qu'il y a, ou qu'il n'y a pas, entre la création d'une loi et son application. Par exemple, les mêmes groupes de pression qui ont agi au moment où on élaborait une loi sont vus par la suite en train de s'employer activement à modifier l'application de cette loi dans le sens de leurs intérêts. Les groupes d'intérêt ne cessent pas leurs activités lorsque la loi est sanctionnée, ils peuvent continuer d'exercer leurs pressions. Par conséquent, l'application de la loi peut parfois s'écarter de ce que le législateur avait prévu. C'est un thème qui a été étudié en sociologie du droit, celui de l'écart entre l'intention du législateur et la mise en application de sa législation. Cet écart s'explique en partie par le jeu des groupes de pression, mais aussi en partie par les jeux de l'internormativité : des normes morales, religieuses, professionnelles, administratives ou autres peuvent être mobilisées pour infléchir l'application d'une loi, d'une décision judiciaire, d'un contrat individuel ou collectif.

Pour les étudiants en droit, pour un juriste, ce qui compte, c'est le droit tel qu'il a été dit par le législateur ou par un tribunal. Mais ce qui intéresse le sociologue, c'est d'apprendre pourquoi cette décision a été prise, d'où elle vient, qui ont été ceux qui l'ont influencée, quels intérêts et quelles motivations étaient les leurs. Cela éclaire ce que les juristes appellent « l'intention du législateur », en recherchant tout ce qui a précédé sa décision. Par la suite, la mise en application du droit varie aussi, et d'une manière étonnante. C'est là encore que la sociologie peut enseigner à des juristes ce qui arrive à une loi quand elle est appliquée dans la vraie vie. Les juristes eux-mêmes sont ceux qui, souvent, contribuent à la dérive du droit. Ce sont des juristes qui travaillent à la réinterprétation de la loi ou de la jurisprudence. À cet égard, ce qui est frappant, c'est le rôle de l'imagination dans le droit. Les juristes, je l'ai dit tout à l'heure, ont beaucoup d'imagination pour trouver de nouvelles solutions, de nouvelles manières de voir une législation, ou une décision antérieure faisant jurisprudence, et pour lui faire dire autre chose devant un nouveau cas. La compétence d'un juriste ne réside pas seulement dans sa connaissance du droit, mais dans l'imagination qu'il apporte à l'interprétation du droit. Tout cela nous permet d'illustrer combien ce qui s'appelle l'« efficacité » du droit peut être complexe et problématique, et mérite d'être étudié et analysé. C'est à cette tâche que se consacre la sociologie du droit.

■ *Si je comprends bien, les juristes sont maintenant les jésuites des temps modernes ?*

Oui, tout à fait. Les jésuites ont été de grands canonistes à leur manière.

■ *Il y a aussi l'État qui peut donner ou non des moyens pour la mise en place de ce qui avait été prévu dans la législation. On peut par exemple édicter des règles sur la participation des parents dans les conseils d'établissement. C'est le fruit de la mise à jour de la Loi sur l'instruction publique. Mais, dans la réalité, ça peut se passer tout à fait différemment.*

Exactement. Une loi peut demeurer inopérante ou être déviée de son intention si le législateur ne prévoit pas les moyens, comme vous dites, nécessaires à son application. C'est pour ça que, par exemple, quand Camille Laurin élaborait la Charte de la langue française, il tenait beaucoup à prévoir avec précision les attributions et les fonctions des organismes qui allaient appliquer la législation. C'est pour ça que la loi 101, sa version originale de 1977, a créé quatre organismes, avec des fonctions distinctes et clairement assignées : l'Office de la langue française, un conseil consultatif, une commission des plaintes et une commission de la toponymie. Cette loi 101 serait restée largement inefficace, surtout dans le monde du travail, s'il n'y avait pas eu ces organismes qui ont travaillé à sa mise en application. C'est dans le milieu de travail, évidemment, qu'on pouvait assister à la résistance la plus forte à l'application de la loi 101 : elle imposait des dépenses à des entreprises pour franciser tout leur matériel. En 1977, dans les entreprises du Québec, des ouvriers travaillaient avec du matériel unilingue anglais, des guides ou des enseignes exclusivement en anglais. Les entreprises considéraient qu'elles devaient engager des dépenses considérables pour se franciser. Cela montre combien il y avait lieu de franciser le milieu de travail, et donc de faire une loi qui serait non seulement applicable mais aussi mise en œuvre par des institutions dont ce serait le rôle.

Je peux dire que, lorsque la loi a été sanctionnée, en août 1977, la principale responsabilité que j'ai eue comme sous-ministre, ce fut de mettre en route les organismes que la loi avait créés et d'assurer que ces organismes travaillaient ensemble dans le sens de la loi. J'avais été chargé par le ministre de mettre en route l'application de la loi. On voyait bien qu'il y avait assez de résistance pour que la loi reste inefficace. Il arrive que l'État fasse des lois « sans dents », précisément parce qu'il leur accorde un caractère symbolique. Il veut paraître un bon citoyen en faisant des lois, mais il s'arrange pour qu'elles soient le moins applicables possible. C'est un peu ce qui arrive avec la législation sur la protection de l'environnement, par exemple. L'État peut faire de belles lois sans mettre en place les institutions nécessaires à leur mise en application, et donc à leur efficacité.

■ *Est-ce que la notion d'internormativité rejoint ce que vous avez appelé le pluralisme juridique ?*

Vous avez bien raison d'évoquer cette idée du pluralisme juridique. Je n'en suis pas l'inventeur, mais j'y ai travaillé dans le sillage d'autres et avec d'autres, collègues et étudiants, qui m'ont influencé et que j'ai peut-être influencés. La théorie du pluralisme juridique attire notre attention sur le fait que le droit n'est pas la seule modalité de régulation sociale : il y en a bien d'autres. Parmi ces autres, il y en a qui ressemblent au droit sans être proprement du droit. Et pourtant, cette régulation non juridique a une efficacité, un mode d'action similaire au droit. J'utilise toujours, pour me faire comprendre, l'exemple de la vie de famille. Elle est basée sur une régulation interne, qui concerne les relations entre les membres, les rituels, les contraintes diverses imposées aux membres (heures de rentrée, temps de télévision, temps d'Internet, heures des repas et comportement à table, etc.). Cette régulation n'est pas du ressort du droit, mais elle est comme du droit. Il y a ainsi beaucoup de régulation non juridique, mais similaire au droit, dans la vie sociale. Or, il est important que les praticiens du droit en tiennent compte, parce que, dans une perspective d'internormativité, on voit bien que l'action du droit peut dépendre, de bien des manières, de ces autres régulations non juridiques. C'est ce que le pluralisme normatif, que l'on a osé appeler juridique, nous rappelle.

■ *Quels seraient les nouveaux chantiers à développer en sociologie du droit ? Si vous aviez une équipe de quarante chercheurs, sur quoi les feriez-vous travailler ?*

Ce sur quoi je travaille surtout, c'est la relation entre droit et changement social. Au Centre de recherche en droit public, nous avons développé cet axe de recherche. J'y mets beaucoup de mon temps de chercheur. Et cela, parce qu'il y a certains préjugés à l'endroit du droit : on entend souvent dire que le droit retarde toujours sur le changement social. Ce qui n'est pas toujours vrai. Le droit peut, bien sûr, être en retard, il l'est à bien des égards, et le droit peut aussi bloquer le changement social. Mais le droit est aussi utilisé pour engager des changements sociaux et être mobilisé à cette fin, soit par l'État, soit par des mouvements sociaux, soit par des organismes divers.

C'est un aspect du droit qui m'intéresse, parce que je continue toujours à croire que, pour un sociologue, le changement social est la principale énigme. On se demande toujours d'où vient le changement qui se produit, pourquoi et à travers quels méandres il se réalise. Le droit nous permet d'avoir accès à une certaine perspective sur le changement social à travers ceux qui, professionnels ou profanes, l'utilisent ou sont forcés d'en tenir compte pour engager, produire un changement social. C'est dans ce sens-là que je me suis intéressé au rapport entre le droit et les réformes sociales.

Le changement social est multiple, complexe, souvent énigmatique, parfois lent, à d'autres moments presque brutal. Et le rôle du droit dans tout ce mouvement est loin d'être évident. Il y a donc matière à faire travailler quarante chercheurs pour longtemps !

Annexe

Œuvres de Guy Rocher
Bibliographie chronologique
et sélective

1959   *Famille et Habitation* (codir. avec Paul-Henry Chombart de Lauwe *et al.*), Paris, Centre national de la recherche scientifique, 215 p.

1968-1969 *Introduction à la sociologie générale*, Montréal, Éditions H.M.H., 3 vol.

1971   *École et société au Québec* (codir. avec Pierre W. Bélanger), Montréal, Éditions H.M.H., 2 vol. ; 2ᵉ édition revue et corrigée, 1975.

1972   *Talcott Parsons et la sociologie américaine*, Paris, Presses universitaires de France, 238 p.

1973   *Le Québec en mutation*, Montréal, Éditions H.M.H., 345 p.

1984   *Continuité et Rupture. Les sciences sociales au Québec* (codir. avec Georges-Henri Lévesque, Jacques Henripin *et al.*), Montréal, Presses de l'Université de Montréal, 2 vol., 671 p.

1989   *Entre les rêves et l'histoire. Entretiens avec Georges Khal*, Montréal, VLB, 230 p.

1991   *Les Francophones québécois* (avec Gérard Bouchard et François Rocher), Montréal, Conseil scolaire de l'île de Montréal, 87 p.

1992   *Le Québec en jeu. Comprendre les grands défis* (codir. avec Gérard Daigle), Montréal, Presses de l'Université de Montréal, 811 p.

1994   *Entre droit et technique. Enjeux normatifs et sociaux* (codir. avec René Côté), Montréal, Thémis, 425 p.

1996   *Études de sociologie du droit et de l'éthique,* Montréal, Thémis, 327 p.

1998   *Théories et émergence du droit. Pluralisme, surdétermination et effectivité* (codir. avec Andrée Lajoie, Roderick A. Macdonald et Richard Janda), Montréal/Bruxelles, Thémis/Bruylant, 266 p.

1999   *As I recall / Si je me souviens bien: Historical Perspectives* (codir. avec John Meiseil et Arthur Silver), Montréal, Institut de recherche sur les politiques publiques, 449 p.

2001   *Le Droit à l'égalité. Les tribunaux d'arbitrage et le Tribunal des droits de la personne* (codir. avec Guylaine Vallée, Michel Coutu, Jean Denis Gagnon et Jean M. Lapierre), Montréal, Thémis, 273 p.

2002   *Regard sur la Convention de la Baie James et du Nord québécois* (codir. avec Alain Gagnon), Montréal, Québec Amérique, 302 p.

2005   *La Sédentarisation. Effets et suites chez des Innus et des Atikamekw* (avec Karine Gentelet et Alain Bissonnette), Montréal, Thémis, 118 p.

2006   *La Légitimité de l'État et du droit. Autour de Max Weber* (codir. avec Michel Coutu), Sainte-Foy/Paris, Presses de l'Université Laval / LGDJ, 384 p.

TABLE DES MATIÈRES

CRÉDITS ET REMERCIEMENTS

La Chaire de recherche du Canada en études québécoises et canadiennes de l'Université du Québec à Montréal est fière d'appuyer financièrement la collection « Trajectoires », dirigée par Alain-G. Gagnon.

Les Éditions du Boréal reconnaissent l'aide financière du gouvernement du Canada par l'entremise du Programme d'aide au développement de l'industrie de l'édition (PADIÉ) pour ses activités d'édition et remercient le Conseil des Arts du Canada pour son soutien financier.

Les Éditions du Boréal sont inscrites au Programme d'aide aux entreprises du livre et de l'édition spécialisée de la SODEC et bénéficient du Programme de crédit d'impôt pour l'édition de livres du gouvernement du Québec.

Couverture : Christine Lajeunesse.

EXTRAIT DU CATALOGUE

Ce livre a été imprimé sur du papier 100 % postconsommation,
traité sans chlore, certifié ÉcoLogo
et fabriqué dans une usine fonctionnant au biogaz.

MISE EN PAGES ET TYPOGRAPHIE :
LES ÉDITIONS DU BORÉAL

ACHEVÉ D'IMPRIMER EN MARS 2010
SUR LES PRESSES DE L'IMPRIMERIE MARQUIS
À CAP-SAINT-IGNACE (QUÉBEC).